U0137106

華志文化

華志文化

運用潛意識的
強大力量拚搏人生

白金
特價版
199
元

腦內革命

驚人的潛意識力量

馮麗莎教授◎著

改變了億萬人的心理操控術
心靈深處從未意識到的潛能

如果把人的意識比喻為一座冰山，那麼浮出水面的顯意識只佔5%，
隱藏在水面下的潛意識則佔了95%。一個人潛意識的作用是非常驚人
的，它將是我們走向成功的關鍵。

前言／潛意識是人生的「金礦」

現實生活中，每一個人都是獨一無二的。我們之所以能夠獨一無二，正是因為我們透過潛意識的能量給自己的思想帶來變化。我們每一個人在潛意識裡對自己的認識、對自身的定位及試圖去努力實現的目標，都決定著我們在這個世界上的獨特的位置，決定著我們潛力的發揮程度。每個人身上所蘊藏的潛能都是無窮無盡的，然而能力有多少能夠發揮出來，全在於我們的潛意識裡對自己是一個什麼樣的定位。如果在意識裡把自己定位為一個有能力、有思想的人，那麼就能夠發揮出你所認定的一切天賦。總之，不管我們認定自己是弱者還是強者，都會立刻影響對自己潛能的發揮。

所以，一個人潛意識的作用是非常驚人的。能充分認識和發揮潛意識，對於我們的人生非常重要，也是我們走向成功的關鍵。

觀察社會中各式各樣的人，總有一些生活順心、工作順利、家庭美滿的幸運兒，彷彿好運總是伴隨在他們的左右。其實，不必要去抱怨上天的不公平，只要我們能夠清晰地認識到潛意識無所不在的力量，懂得利用潛意識的力量去塑造、引導和影

響我們自身的命運。那麼，毫無疑問，這些幸運兒所擁有的東西我們一樣也能夠擁有。

生活中，人們所經歷的困難、挫折、痛苦、不幸乃至「偶然事件」都有一個起因，但是這些消極的東西是很容易向積極的方向轉化的。對於每個人來說，積極地把握生活，創造成功與幸福的未來、將自己的聰明才智從潛意識的深處發掘出來並運用於現實生活中，不僅是可行也是非常容易辦到的事情。

總之，潛意識的神奇力量無所不在，並時時刻刻影響、塑造和控制著人類的內部與外部世界。就像一位著名的蘇聯作家所說的那樣：

當潛意識降臨時，正如在絢麗夏日的清晨，它驅散靜夜的霧靄，向我們吹來清涼而醉人的微風。恰似初戀的時候，人們會預感到神奇的邂逅，難以言喻的迷人眼眸，款款嬌笑與欲語還休的感情，心強烈地跳動著。在這一刻，我們周圍的一切無不像一種迷人的樂器般微妙、精確，我們對一切的聲音，甚至是生活最隱秘的、最細微的聲音，都能產生絕佳的共鳴。

因此，閱讀本書，學會運用潛意識的強大力量去努力拚搏，掌控自己的命運，創造輝煌的人生吧！

目 錄

第一章
認識潛意識的力量

1. 嘗試與自己的身體進行對話

我們人類的思想涉及的範圍非常的寬廣，換句話說，人類的交際對象非常多，大自然、人類本身、其他的動物、宇宙等，都是人們樂於探索、開闢的新領地和急於搶佔主導權之處。

因此，我們人類談話的對象也非常的廣泛，比如戀人、家庭成員、親戚、朋友、陌生人，有時還包括一些動物和不以生命的形式存在的夥伴，比如汽車、狗、貓、玩具和圖片等。小時候，誰不崇拜自己當時鍾愛的動畫片裡的人物呢，又有幾個小朋友沒有抱著自己喜愛的動畫片裡的人物、動物模型或者圖片睡覺的經歷？因為當我們抱著它們睡覺的時候，會感覺自己彷彿就躺在畫中人的身邊，和它們已經沒有了任何距離感、非常親密，現實中無法實現的夢想和意願，此時此刻完全可以盡情地去享受、去經歷。在我們的想像中，或者說在我們的潛意識中，懷抱的並不是簡簡單單的玩具，而是有血有肉的人物，它們就躺在我們的身邊，和我們談心、交流、一起做遊戲。

我們的身體是由幾十萬億個細胞組成的，每一個細胞都有意識。伯爾納先生曾經在一本叫做《潛意識的智慧》的書裡面寫道：「你身體裡的每一個細胞都是一個

14

小小的生物體，它只對你的想像做出反應，而不是你從口中說出的話。比如說，我們可以把人體細胞和器官與家庭飼養的動物作個比較，假如你對一隻狗說：「小狗真的很乖，特別可愛，而且又那麼的聽話！」牠自然聽不懂你在說什麼，但是你的想像卻被傳遞了出去，然後是感情的交流，所以小狗就搖起了尾巴，牠終於明白了你究竟在對牠說些什麼。

在現實生活中，積極的人生思想意味著開發積極的情感和行為，也許種子就被種在思想中，而想像卻像花一樣從思想中破土而出、發芽成長，最後孕育出與想像接近一致的花朵。此時，甚至可以集中自己的精力，想像一朵玫瑰花的樣子，想像它散發出花香的時刻和迷人的味道。

如果我們想與體內的細胞建立聯繫，就必須借助圖畫語言。打個比方，即使我們不知道胃是什麼樣子，也想像一下，潛意識會理解我們的所作所為。告訴自己的胃，感謝它每天所做的一切，隔著肚皮用手撫摸它，告訴它自己非常愛它。還可以與身體的其他器官進行同樣的交流，我們會發現這樣做非常有助於身體健康，最起碼對我們消除身體疲勞非常有幫助，因為潛意識會把我們的感情和想法傳達給身體的每一個器官。這樣一來，各個器官就很容易得到了安慰，這就是潛意識的力量。

積極的想像力和暗示作用能夠有效地與自己的身體進行溝通，使自己的身體更

好、更快地恢復。深信認為自己得了絕症，每天叨念自己不久於人世的人，即使實際上只是有些胃痛、頭疼的小毛病，也會因此而像是真的得了絕症，甚至死亡，反之，真的罹患絕症的人也可能因為積極的暗示自己能變得健康而減輕症狀，甚至治癒疾病。因此，我們一定要與自己的身體進行對話，還要把這種好習慣保持下去。

不過仍然強調一點，假如身體真的有毛病，就必須就醫診治，並且需要在醫生的監護下進行全方位的治療。否則，僅僅依靠想像而完全拋棄現代醫學的科學性和力量，對身體將只有壞處沒有好處。

如果我們每天都向身體灌輸積極向上的思想，對它每天的工作表示感謝，實在是有百利而無一害。我們也會由此感到自己比從前更加健康、充滿生機與活力，不信的話，立刻可以試一試，不過一定記得要堅持。

潛意識是世界上最聽話的受命者，只要人們發出指令，它就會責無旁貸地去嚴格執行，而且絕對不會有絲毫的耽誤。不過潛意識也有一個相當大的「弱點」，那就是具有「盲目性」。只要人們發出指令，它就會盲目地執行，從不考慮這些「命令」對本人是否會有任何壞處。它的出發點就是意識讓自己做什麼，自己就去做什麼，潛意識從充滿情感色彩的想像中獲取命令，情感越強烈，命令執行得越堅決。

所以說，不管是快樂還是恐懼，無一例外被潛意識接受並付諸行動。這就是潛意識

無可醫治的「弱點」，它天生是執行命令的好士兵，卻並不會區分命令的合理性與正確性。基於這一原因，在想像時應該從積極的方面入手，而不是經常性地把一些消極的、無法控制的、有害的意識隨意地傳達給潛意識。

比如說，當我們散步的時候，不小心被雨淋濕了衣服，如果害怕感冒，就應該想像自己第二天起床時一副精神抖擻、健康快樂的樣子；如果一直在想像自己是不是應該去藥店買些藥，或者萬一感冒很嚴重時會不會影響明天的工作，即使身體條件並沒有達到感冒的程度，感冒也會因為潛意識的「盛情邀請」而不忍心「爽約」。

假如真的感冒了，一定與這番消極想像有很大的關聯。

潛意識的工作其實是無可挑剔的，但我們卻總是無法正確地與它共事，這就是許多人之所以在生活中失敗的一個原因。另一個原因就是許多開始嘗試著想像的人，不是缺乏毅力就是抱著過去的思維模式不放，捨不得放棄那些舊的思想觀念，結果當然是與自己過不去了。

抽出幾週的時間，每天進行兩次十五分鐘的想像，告訴潛意識自己的願望是什麼，告訴它自己會堅持到底，它現在就可以開始工作了。如果不信任它，不能擺脫過去的思維方式，潛意識就會認為還必須再等待，所以也就無從實現我們的種種願望了。我們所有的美好願望和幻想全被過去的思維模式所禁錮，潛意識也無從施展望了。

它無窮的力量和神奇，當然也就很難產生應有的作用。

2. 潛意識是人生的「金礦」

我們倘若能睜開大腦之「眼」，就會看到原來自己的體內還蘊藏著一座巨大的「寶庫」，它可以使我們生活快樂、工作順利、人生一帆風順。但遺憾的是，如同金礦不容易被人發現一樣，人身體內的寶藏往往也是處於「昏睡」狀態，人們並沒有意識到這座金礦蘊藏著無限的能量與智慧。

只要我們能夠充分發掘這座金礦，不管有什麼願望都有可能實現。我們都知道，一塊被磁化的鋼鐵，可以提升起十二倍於自己的重量。同樣，世界上也存在著兩種人：一種是得以「磁化」的人，他們滿懷信心與希望，相信自己一定能夠取得成功，無論前面有多少艱難險阻，都無法阻擋他們前進的腳步。還有一種人，他們的「磁性」被消除了，內心充滿恐懼和懷疑，縱使機遇悄悄降臨在他們身上，他們也會懷疑：這麼好的機會是不會輕易給我的，如果我失敗了怎麼辦，那不是一件很難堪的事情嗎？這種人通常膽小怕事，不會有什麼出息，由於害怕進取，只好裹足

18

不前。如果想要成就人生的偉業，那麼千萬不要做後者。

這裡有一個關於潛意識的例子，可以幫助我們更加了解潛意識的巨大力量。

英國首相溫斯頓・邱吉爾的廚師曾經講過一件有趣的事情。一九四一年，正當納粹德國在歐洲橫行時，有一天夜裡，邱吉爾在倫敦唐寧街十號首相官邸舉行宴會。由於處在戰爭時期，德國的轟炸機不時在英國的領土上空盤旋，一顆顆炸彈也不時地拋下來，整個國家生活在戰火之中。

對於德國人的轟炸，邱吉爾一點不懼怕。每當警報響起時，人們紛紛躲進防空洞或空襲掩體，邱吉爾卻從不躲進去。這次，當宴會正在進行期間，邱吉爾來到廚房，沒有任何理由地強令他的廚師們馬上躲入掩體。廚師們感到很驚訝，因為當時並未聽到警報，一切都是那麼的平靜。廚師們不肯離去，不願意自己躲起來，而其他人卻無若無其事地繼續舉行宴會。但是，在首相的強令下，他們還是躲進了防空洞。就在他們安全撤離廚房僅僅幾分鐘過後，一枚炸彈落在了距離廚房僅幾百碼的地方，造成了巨大的破壞，廚房頓時被炸得粉碎，幾乎成了一片瓦礫。

廚師們都在慶幸自己安然無恙，也更加感謝邱吉爾首相。

其實邱吉爾當時並沒有接到任何情報證明敵人的轟炸機會來襲擊，他只是憑藉著自己的直覺，預感到廚房會有危險。

這個故事聽起來可能是湊巧，不足為信。但事實上，這種預感就是透過人的潛意識的方式發生的。這是多麼不可思議的事啊。有人可能覺得飛碟、火星人、金字塔蘊涵著無窮的祕密，但是潛意識的力量更是蘊藏著無限的祕密。只要知道了如何獲取潛意識的力量，就能對於人生有同樣的「預測」能力，就能為生活帶來更多的快樂、健康和幸福。

這種力量不需要從外界獲得，它就實實在在地存在於人的身上。只不過，大多數人都不知道該如何去運用它。而一旦對它有了充分的了解，我們就會把它應用到自己的人生中。從此，我們的人生將不一樣，將因發現它而獲得大量的靈感和力量，生活將更加美妙，事業也將更上一層樓。

3. 怎樣的意識就有怎樣的人生

俗話說：「種瓜得瓜，種豆得豆。」如果種下的是仇恨、敵視和恐懼的種子，

那麼收穫的也將是各式各樣的不幸與疾病。反之，當我們種下寧靜、幸福、正義、善良的種子後，就會收穫幸福和快樂。潛意識如同花園裡的土壤，可以使各式各樣的種子生根發芽。因此，我們的任務就是選好種子，確保它們具有一流的品質。

如果我們能以合理的方式進行思考，如果我們理解「潛意識」的內涵，如果進入潛意識中的各種想法或念頭和諧、寧靜，那麼，潛意識就會作出相應的反應，帶來相應的後果。當我們能夠對各種念頭、想法加以控制的時候，你就能夠運用潛意識的力量，解決各種人生中的問題了。

如果害怕失敗，那就不要對自己說：「我不是失敗者。」而是要說：「我是個偉大的成功者！」這一點非常重要，因為否定就是反向的肯定，而潛意識則是將肯定的內容變為現實。假如我們的潛意識裡「欠缺」的思想占了上風，而我們卻表現出「我什麼都不缺」，反而會使「欠缺」的思想更加突出，使否定的意義更加強化。

如果我們這樣說：「我很高興，我的生活非常充實」，那麼，這句話中積極的意義就被轉入我們的大腦，並且一天一天在腦海中扎下根。我們知道，潛意識總是執行內心中最強烈的命令，只要不斷地重複積極的思想，就會在生活中累積越來越多的積極經驗；我們的生活也將遠離灰色和黑色，而是充滿燦爛的陽光。

只有本人才能對生活中的「所得」負責任，即使有時候不想要它，也會因為我

們的付出而「不得不」得到它，不想要都不行，因為自己播下了那樣的種子，自然就會得到那樣的結果。這是毫無疑問的，自己播到地裡的種子，當然會根據它的基因長出它應有的結果，這是由無法更改的大自然法則決定的。

我們相信也好，不遵循也罷。法則本身並不在乎，它還是會按照自身的規律去執行命令，製造出它原本就規定好了的結果。可以這樣說，積極的人生思想學說並不是某種信仰、教義或者宗派學說，它代表的是人類健康的理想、信念和對未來、對生活的美好追求。一切都很簡單，只要去理解、認識、重視它並且按照它去生活、去努力、去追求，我們就會處在積極、健康、向上的生活環境之中。不管是男人還是女人，不管擁有哪種膚色或屬於哪個民族，不管擁有多少物質財富或者精神食糧，越早開始運用這些精神法則，就越早能夠取得自己預期的結果和目標，就比其他人越容易成功。

有一個人，經常參加一些短期培訓班，希望藉此能夠激發自己的潛意識。有很多次，在上完培訓班開車回家的途中，他就擬好了一份時間表：每天在什麼時間、分幾次向潛意識灌輸自己的各種願望和想法，然後就迫不及待地實施起來。

因為幾年來，他的經濟狀況一直不見有所好轉，已經到了快還不起貸款的地步了，

破產的可能性無時無刻不在威脅著他，那種聲音和念頭天天在耳邊迴響。

只不過在經過一陣心血來潮之後，他總是能夠找到新的藉口來逃避先前所制訂的計畫。

參加了每一個培訓班之後的幾天內，他都非常認真地執行自己制訂的計畫。

計畫，幾週過去之後，一切又照舊了，計畫也被束之高閣了。

又過了幾年，這位老兄終於破產了。痛苦的壓力使得他重新下定決心嚴格按照自己的計畫去做，大約過了一個月之後，他得到了解脫。多少年來，他一直在抗爭，和命運抗爭，和自己的心靈抗爭，用盡心機去掙扎。直到後來他才明白，原來潛意識只是把他的恐懼與焦慮變成了現實，他一直在擔心自己破產，最終的結果當然是破產了，因為潛意識一直在引導著他向破產前進。破產以後，他已經沒有了任何更糟糕的想法，這個時候，潛意識已經在引導著他向好的方向努力了。

當他開始有意識地想像自己的幸福、健康和富裕的時候，潛意識在轉變方向的過程中實現了積極的方案，他又重新崛起了。

為什麼會有這麼多的人遭遇失敗，就像這位朋友此前一樣呢？原因就在於他們不準備調轉思維的方向，不能夠也不願意相信潛意識的作用方式。

4. 善用潛意識讓人更接近成功

下面的一段文章摘自一本叫做《積極的自救方案》的書籍，裡面詳細地解釋了全腦潛意識技術。

閣下的感覺是很自然的。這種潛意識技術是目前廣為人知的一種最有效的方法，利用它可以「順帶」實現目標。你可以在潛意識裡一個字一個字地重新設計現有的方案，由此消滅消極想法與自我懷疑，讓積極的事物取代破壞性的模式。這樣便可獲得成功，而且從裡到外都是以非常自然的方式在進行。其中的訣竅就是不斷地重複積極的思想。

潛意識技術並不是什麼神祕之物。潛意識作為預知感覺範圍內的一種無意識的訊息，被人定義為「有意識感覺界限之下的言語刺激」，這裡的關鍵字是「感覺」。隔著兩條街外的一聲耳語在頭腦中引起神經元的活動，才能被感覺到。為了簡便起見，你想像一條口頭的潛意識消息像水下的潛艇一樣被帶入音樂和自然的聲籟之中。在頭腦的旅行中，聲波被耳朵接收，然後進入耳道，從那兒被傳遞到鼓膜乃至中耳，依靠壓力波和三個微小耳骨又進入內耳。內耳生有耳蝸和特殊

的輪軸結構，是由感官細胞組成，能夠接收聲音刺激，並將產生的脈衝繼續引導至頭腦中。這些脈衝最終使神經元活動起來。

神經元從來不是中立的。它們或是「附著在上面」，或是「出來」。所以，無論是意識的範圍，還是感覺的程度最終都是一次神經元的活動。沒有神經元的活動就沒有感覺。

眾所周知，人的大腦分成兩部分，即右腦和左腦。左腦負責分析和理性思維，而右腦則側重於空間和全方位思維。大腦的左半部主管數字和語言，是按部就班的工作方式，而右半部則是創造性和情感的中心，是從全面的觀點考慮問題。左腦是邏輯和推理的地盤，擁有理性模式和反抗機制。泰勒博士的全腦潛意識技術就以此為基礎。他找到了一種方法，用他的閾下訊息與兩個半球建立聯繫。研究結果證明，左半部大腦對訊息的正確性與準確性感興趣，而右半部則是處於隨意聯想的狀態。科學家估計，左半部大腦按照語言規則用子目方式理解語言，而右半部則從全方位的角度接收圖畫型和情感型的東西。右半部大腦的字詞透過一種「無意識反射」的程序被轉化，然後同樣被感知，就像眼睛感覺到世界一樣，只不過這種感覺留在大腦裡。

經過數年的努力研究，泰勒博士開發出一種全腦潛意識過程，它融合了迄今

未被大腦研究考慮到的一些認識。將有意義的肯定語句緩慢、規範地說出來，透過一條管道進入左半部大腦。另一條管道用同樣的聲音輸送錄下的指示，這種播放錄音帶的同時也能被感覺到的方法結合了兩部分大腦的功能。

簡單的試驗證明，比起一般的歌曲來，人們更容易回憶起規範的音樂，錄音帶上的肯定語句都採用特殊的錄音方法規範錄製的，人們在一片二十分鐘的錄音帶上，以正常的語速錄製了約二千句具有感應作用的話。

泰勒博士開發出一種方法，使這些肯定語句始終能與基本訊息載體相符，這樣潛意識總是能夠很好地接收到消息。你聽不到說出的話，好比是不知道飛馳而過的汽車裡的語言從音樂中分離的能力，而潛意識卻以它佔有的知識與能力的資源輕而易舉地從聲響中辨認出訊息語句。

鑲嵌到音樂裡的肯定語句透過耳朵進入大腦，然後被電脈衝轉換成有意識的訊息。意識缺乏把語言從音樂中分離的能力，而潛意識卻以它佔有的知識與能力的資源輕而易舉地從聲響中辨認出訊息語句。

這不需要耳機。這種方法對成功是有好處的，但不是決定性的。唯一有決定作用的是定時運用它。

每天按照這些方案聽上一個小時，至少堅持聽三十天。除了日常工作外，每天只要花一定的時間，就可以不費勁地「順帶」開始一種新的生活。

這個方案真是太重要了！要想著有成功是最重要的，因此需要毅力。如果只聽了幾次錄音帶便放棄，那麼什麼也改變不了。

有了全腦潛意識技術，我們可以從裡到外，以最自然的方式發展自己。每天至少要讀一遍寫在卡片上的肯定語句，好讓自己熟悉每一句話。而且有意識地懷著欣喜之情，覺得自己一天天地向著目標靠近。

在我們長時間聽這種潛意識的錄音帶時，最好沒有其他人在場。

我們要學會放鬆，讓自己隨著知名作家皮特·庫莫和他的精神訓練教師和心理醫生莫妮卡·漢斯優美動聽的聲音漸漸放鬆。一定要在放鬆的狀態下做這些工作，絕不要在開車或做其他需要集中注意力的事時去聽這些需要放鬆的錄音帶。

如果在經商，可以聽聽「成功」的錄音帶；如果很害羞、膽怯，不敢拋頭露面，可以聽聽「自我意識」的錄音帶；如果健康有問題，就聽聽「自我痊癒」等，以此類推。

生活中的所有問題幾乎都有相應的錄音帶。重要的是，要從思想上拋棄問題，在頭腦中想像錄音帶中描述的積極狀態。如果這樣做了，就能很快解決許多老問題，但是生活有一條簡單的法則：任何事都需要時間。所以要有耐心，一個人成功與否，不在於潛意識是否能夠產生作用，而在於給了潛意識多長時間讓它實現

5. 任何時候都不要低估潛意識的能量

人類大腦中的潛意識，總是不斷地在相互碰撞、追逐、擾攘，那裡蘊藏著無窮的寶藏，是人類創造性的泉源。如果低估了潛意識的作用，就將阻礙人類社會的進步與發展。幾乎所有的發明家、藝術家都充滿了幻想和創造性，他們的成果大多是潛意識作用的結果。

有一次，義大利著名男高音歌唱家卡魯索在演出前，突然產生了「怯場」現象。他說，由於強烈的恐慌，肌肉開始痙攣，喉嚨也像是被什麼東西給卡住了一樣，幾乎很難發出聲音。卡魯索驚恐萬分，因為幾分鐘後他就得登台演出。他的脊樑開始「嗖嗖」冒冷氣，渾身冷汗不止。他說：「如果我無法從容地演唱，人們就會嘲笑我，那我不是丟人了嗎？」於是，熟知該如何運用潛意識的他，在後台不住地對心中那個作祟的「自我」說：「你快走開，別干擾我，快讓平時那個

這個目標。

28

正常的『我』回來！你休想阻止我一展歌喉。」他所謂的正常狀態下的「我」，我們可以叫它做「大我」，而阻礙他正常發揮、讓他恐慌的「我」，我們可以把它叫做「小我」。而所謂的「大我」就是潛意識中所具有的無窮力量與智慧。他不停地大聲說：「走開，快走開！『大我』需要出場了。」

卡魯索的潛意識做出了回應，他的體內產生了蓬勃的力量。當布幕開啟時，他充滿自信地走上台，嗓音剛勁有力，雄渾而滿懷感情，所有在場的觀眾都被他的聲音所吸引。

顯然，卡魯索了解兩種思維模式「大我」與「小我」間的關係，也就是意識性思維（即理性思維）與影響著意識性思維的非理性思維間的關係。當意識性思維（「小我」）充滿恐懼、憂慮與慌亂時，我們的潛意識思維（「大我」）就會產生消極情感，使我們被驚恐、不祥、絕望的情緒所籠罩。如果出現這樣的情形，我們不必驚惶，只需平心靜氣，盡量保持鎮定，並對自己體內的「小我」說：「你趕快閉嘴」；「我能控制你」；「你必須服從我，聽我指揮」；「我不允許你干擾我的」。

對於意識與潛意識的差異，或許我們可以援引說明：意識性思維就如一艘航船的舵手或船長。他指引船隻的航向，給船艙內的工作人員下達指令，使後者對儀表

板、鍋爐及其他動力設備進行相應的調控和操作。他們只有在接到指令後，才能了解船隻所處的位置和前進的方向。不過，如果得到的指令存在誤差或紕漏，那麼，船隻就可能觸礁沉沒。

船長是一船之首，他的指令將決定航船的命運。同樣的道理，意識性思維引導著我們的潛意識「航船」的方向。根據我們的意識性思維所下達的命令，我們的潛意識將產生同一性質的回應。

6. 開發和利用自己的潛意識

經過反覆的自我暗示改變自我意象，我們可以樹立必勝的信念，並使自我產生積極的行動，從而達到預期的目標。

既然潛意識包括這麼多的奧妙，那麼我們該如何開發和利用它，以使它得到最大限度的發揮呢？

首先，應該訓練開發潛意識無限的「儲蓄」和記憶功能，為我們的聰明才智奠定更為廣闊、雄厚的基礎。如果想建造高樓大廈，就必須先儲備好各式各樣的建築

材料、裝修材料、設計圖紙、建築技能、建築機械等。同樣，如果想追求成功，就應該不斷學習新的東西，給自己的潛意識不斷輸入新養料。要想使自己的大腦更聰明、更富有智慧、更富於創造性，就必須給潛意識輸送更多的相關資訊。

為了使我們的潛意識「儲蓄」功能效率更高，可採取一些輔助性的手段，如重要資料的重複輸入、重複性學習、增加記憶功能、建立資訊庫、分類保存各類檔等，一邊協助潛意識，為創造性思維和其他聰明才智服務。

其次，要訓練對潛意識的控制能力，使它為我們的成功服務，而不是把我們的前途引向失敗。如上述所說，由於潛意識「是非不分」，不管是積極的、消極的，它都會吸收，並且常常跳過意識而直接支配人的行為，或直接形成人的各種心態。

所以，在某種意義上，「成」也是潛意識，「敗」也是潛意識。因此，要訓練自己，努力開發利用有益、積極、有助於成功的潛意識，對可能導致失敗、消極的潛意識，必須加以嚴格的控制。我們應該珍惜潛意識中原有的積極因素，並不斷輸入新的、健康的訊息資料，使積極、成功的心態佔據統治地位，成為最具優勢的潛意識，使之成為支配我們行為的直覺性習慣和「超感」意識。對一切消極、失敗的心態和訊息進行控制，不要讓它干擾我們的正常生活，不要讓它進入我們的潛意識。

如果遇到消極性訊息，可採取兩個辦法加以控制：一是立即抑制、迴避它，不

要讓其「污染」我們的大腦思想。對於過去無意中吸收的消極訊息，永遠也不要提及它，把它遺忘，讓它沉入潛意識的海底。二是進行判斷性分析，「化腐朽為神奇」。要用成功的、積極的心態，對它們進行深入分析和評價，化害為利，如同使有毒的草化成肥料一樣，把它們變成有益於成功的思想意識。

最後，開發、利用潛意識自動思維創造的智慧性功能，幫助我們解決問題，獲得創造性靈感。潛意識蘊藏著人的一生於有意無意間所感知或認知的訊息，並且能夠將它們自動排列、組合、分類，產生一些新的信念。所以，我們可以給它指令，把各種美好的夢想、碰到的難題轉變成清晰的指令，經由意識轉到潛意識思維中，然後放鬆自己的身心，等待它給我們答案。

很多時候，我們冥思苦想一個問題，但想了很久也想不出答案。可是，過了一些日子，或者一覺睡醒，或者在洗澡時，從大腦中突然「蹦」出一個答案或者靈感。所以，我們要隨時隨地準備好紙和筆，記下所有轉瞬即逝的靈感。

歸納起來，潛意識有六大特徵：能量巨大；喜歡帶有感情色彩的訊息；不識真假，唯命是從；易受圖像刺激；記憶性差，需強烈刺激或重複刺激；心態放鬆時，各種訊息最容易進入潛意識。為此，美國著名潛意識專家博恩‧崔西提出了用「刺激法」啟動潛意識的原則，即：

（1）聽覺刺激法。當我們在恐慌、害怕、缺乏自信的時候，大喊幾聲，可以立即恢復信心和力量。聲音的力量可以影響我們的信念，為我們帶來積極的效果。

（2）視覺刺激法。在房間裡掛起一塊「夢想板」，把自己的目標畫成圖畫，剪下並貼在夢想板上，天天觀看。這可以時時刺激我們的潛意識，使之幫助我們達成夢想。

（3）意向刺激法。利用潛意識「不分真假」的原理，在大腦中引導我們所希望的成功場景，從而達到替換潛意識中負面思想的目的。透過反覆的自我暗示、改變自我意象，我們可以樹立必勝的信念，並使自己產生積極的行動，從而達到預期的目標。

7. 用潛意識來擺脫自製的樊籠

導致人生失敗的原因有很多，其中最致命的原因就是一個人對自己失去了信心。換句話說，他並不知道自己所具有的潛能，對於潛意識的力量一無所知，或對其產生作用的方式缺乏了解。如果我們了解它的特點、意義和作用，就會獲得十足

的自信。但必須記住：一旦潛意識思維接受了某思想或者觀念，它就會立刻付諸實施。它會動用各種可能的力量和手段以實現這一目的。

前面我們曾經介紹了如何開發潛意識思維，但是切記對大腦不能進行強制性「刺激」。對於「強迫」，潛意識不會作出任何反應：只有我們的信心及意識性思維的充分認可，才有助於潛意識發揮作用。另外，我們還要注意，千萬不要在頭腦中時常出現某些不良的、負面的陳述，如「事情越來越糟糕了」、「我永遠也不可能成功」、「我沒有希望了」、「我腦子裡簡直是一鍋糨糊」這樣的話，它們是潛意識最大的敵人，會使我們自取其害。

科學家做過一個有趣的實驗：

他們把跳蚤放在桌子上，一拍桌子，跳蚤立即跳起，跳的高度均在其身高的一百倍以上——跳蚤堪稱世界上跳得最高的動物。

然後，科學家在跳蚤的上方罩了一個玻璃罩，再讓牠跳。這一次，跳蚤碰到了玻璃罩。連續多次以後，跳蚤改變了起跳高度以適應環境，每次跳躍的高度總保持在罩頂以下。接下來，逐漸降低玻璃罩的高度，跳蚤每次都在碰壁後主動改變自己的高度。

最後，玻璃罩接近桌面，這時跳蚤已經無法再跳了。科學家於是把玻璃罩打開，再拍桌子，跳蚤仍然不會跳，變成「爬蚤」了，並非牠已經喪失了跳躍的能力，而是由於一次次受挫折而學乖了、習慣了、麻木了。

最可悲之處在於，實際上的玻璃罩已經不存在，而跳蚤卻連「再試一次」的勇氣都沒有。玻璃罩已經在潛意識裡罩在了跳蚤的心靈上了，跳蚤行動的欲望和潛能被自己扼殺。科學家把這個現象叫做「自我設限」。

有多少這樣的盲點在阻礙著大家？

一位教授曾說：「人類的思維過程其實就是自己為自己設限，當人們鑽進了自己禁錮自己的思維模式時，思想就再也無法自由。」

在我們每個人的生命中，都會面臨許多害怕做不到的時刻，因而劃地自限，使現實的一切不可超越，不管持有此觀點的時間多長，都是錯的。很多人之所以走不出宿命般的可悲結局；就是因為他們走不出固定的思維模式，而一旦走出了此種思維模式，也許可以看到許多別樣的人生風景，甚至可以創造新的奇蹟。

無限的潛能只能化為有限的成就。有人可能一直認為現在的一切都是命中注定的，

許多人其實應該更為成功，但在生活中卻失去很多，這是因為當我們不能夠掙脫某些因素的時候，就會選擇順從和視而不見，而後在自己生活的周圍築起侷限之牆，並心甘情願地生活在別人強加給他們的侷限裡。這些侷限，有些是家人、朋友強加的，有些是自己強加的。很多人給自己套上限制，認為在一生中不會超過父母，認為自己反應遲鈍，認為缺乏別人擁有的潛能和精力，這無疑使他們實現不了一些目標。事實上，我們完全可以透過改變自己的態度和習慣來改進自己的生活。

有個農夫向大家展覽一個形狀如同水瓶的南瓜，參觀的人見了都嘖嘖稱奇，追問是用什麼方法種的。農夫解釋說：「當南瓜長到拇指般大小的時候，我便用水瓶罩著它，一旦它把瓶口的空間佔滿，便停止生長了。」

人也是這樣，自我設限，把自己關在心中的樊籠，就像水瓶罩住的南瓜一樣，放棄給自己成長的機會，成長自然有限。

有這樣一位男士，與妻子之間存在許多問題。妻子經常抱怨他自私、不負責任，從來都沒有關心過她。有人問他：「為什麼你不好好跟妻子溝通？」他回答：

「我的本性就是這樣。沒辦法，我就是大男人。」這位男士對他行為的解釋，是他的自我定義，源自於過去他一直如此。其實他在說：「我在這方面已經定型了，我要繼續成為長久以來的那個樣子。」人生若保持這種態度，根本就是在扼殺可能的機會，從而給自己留下永遠而無可改變的問題。

標定自己是何種人——「我一向都這樣，那就是我的本性」，這種態度會加強我們的惰性，阻礙我們成長。因為我們容易把「自我描述」當作自己不求改變的辯護理由；更重要的是，它幫助我們固持一個荒謬的觀念：如果做不好，就不要做。

一旦標定了自己是什麼樣的人，就會否認自我。當一個人必須去遵守標籤上的自我定義時，自我就不存在了。他們不去向這些自我定義及其背後的自毀性想法挑戰，卻只是接收它們，承認自己一直是如此，這終將帶來自毀。

一個人描述自己比改變自己容易多了。無論什麼時候，要逃避某些事情或掩飾人格上的缺陷，總可以用「我一向這樣」來為自己辯解。事實上，這些定義用了太多次以後，經由心智進入潛意識，人們也開始相信自己就是這樣。到那時候，人生似乎定了型，以後的日子好像注定就是這個樣子了。所以無論何時，一旦說出那些「逃避」的用語，馬上大聲糾正自己。把「那就是我」改成「那是以前的我」，把

「我沒辦法」改成「如果我努力，我就能改變」，把「那是我的本性」改成「那是我以前的本性」。

人類大腦和神經系統可以被比作一個安裝在燈座上的燈泡，燈泡透過一根電線連到無盡的電源。燈泡的亮度與它使用的電力功率成比例，或者燈泡是十五瓦、六十瓦，或者是一百瓦、二百瓦，每個燈泡都發光。那些燈泡只是從電路中取得它們在工作時所需要的適量電力。

我們從自己的電源中取出了多少電力，在自己的成功系統裡安裝了十五瓦特還是二百瓦特的燈泡？記住，我們的自我展示最終是從自己那兒得到的。

任何妨礙成長的「我怎樣怎樣」，均可改為「我選擇怎樣怎樣」。不要做一個困獸，要衝出自製的樊籠，做一個真正的自我，發揮自己的潛能，回歸真正的自己。

第二章
用潛意識幫助自己實現目標

1. 設立目標——除非有目標，否則難成大事

在做事之前，請先想清楚自己要的究竟是什麼。如果一個人僅僅靠一份工作或順利的職業生涯，便宣告成功，無疑是否認自己是個生來就有所作為、有意義的生命體。你過去或現在的情況並不重要，重要的是你將來要獲得什麼成就。除非你對未來有理想，否則你就難成大事。

如果我們現在的生活一切順意，而且有發揮能力的足夠空間，工作或事業也不是問題。就在此時，要處理的是「自我」，是一種追尋，要追求一種能使生命圓滿的努力方向。如果認為只有特殊重要的人物才會擁有生命的目標，我們就永遠也無法逃離凡夫俗子的命運。生命目標是對於所期望成就事業的真正決心。目標比幻想更貼近現實，因為它似乎易於實現。

正如空氣對於生命一樣，目標對於成功也有絕對的必要。如果沒有空氣，人們就無法生存；如果沒有目標，人們就無法取得成功。沒有目標，就不會做任何事情，也不可能採取任何步驟。如果一個人沒有目標，他就只能在人生的旅途上徘徊，永遠到不了任何地方。所以，對想去的地方，我們要事先有個清醒的認識。

可以想像一下，很多人終日盲目地四處漂泊、心懷不滿，但是並沒有一個非常

明確的目標。是否現在就能說說自己想在生活中得到什麼呢？

進步的企業或組織都有十年甚至十五年的長期目標。經理會經常問自己：「我們希望公司在十年後甚至是什麼樣子？」然後根據這個問題來規劃應有的各項努力。新的工廠並不是為了適合今天的需求，而是滿足五年、十年以後的需求。各研究部門也應針對十年或十年以後的產品進行研究。

人人都可以從這個企業學到一課，那就是：我們也應該計畫十年以後的事情。就像沒有計畫的生意將會失敗，沒有生活目標的人也會變成另外一個人。因為沒有了目標，我們根本無法成長。

如果希望十年以後獲得成就，現在就必須付出努力，這是一種重要的想法。

確定目標可能是不容易的，甚至會包括一些痛苦的自我考驗。但無論花費多大的努力，它都是值得的。因為，沒有目標，我們便會無的放矢、無處歸依；有了目標，才能有鬥志，才能開發我們的潛能。

從此，我們的潛意識開始遵循一條普遍的規律進行工作。這條普遍的規律就是：「人能設想相信什麼，人就能用積極的心態去完成什麼。」如果預想出我們的目的地，潛意識就會受到這種自我暗示的影響。它就會進行工作，幫助我們到達那裡。如果知道自己需要什麼，就會有一種傾向：試圖走上正確的軌道，奔向正確的

方向。於是，我們就開始行動了。

從此，我們的工作變得有樂趣了，因受到激勵而願意付出代價，能夠預算好時間和金錢，願意研究、思考如何設計目標。我們對目標思考得越多，我們就會越有熱情，我們的願望就會變成熱烈的願望。

從此，我們已了解自己獨特、與眾不同的一面，接受自己有待實踐的生命目標。如此一來，我們的生命目標可能會帶給他人不同的啟示。這一切無須外求，無關乎淵博的學識或豐富的生活經驗，要做到的僅僅是重視自己，並相信自己的生命與其他人同等偉大。

在追求目標的過程中，不懈的努力會讓人獲得成功經驗。成功的經驗可以讓人明白自己的長處和生存的特殊價值。在這樣的時刻，我們能高度肯定自己，了解自己的存在是舉足輕重，進而獲得一種滿足感。成功經驗的確象徵著不平凡的意義，但問題是：它們是如何產生的，那樣美好的感受該如何創造，以後還會有嗎？

找到生命的目標就好比是找到了開發自我潛能的鑰匙，這是開發生命「礦脈」的關鍵。不論付出多少，只要能發揮自己的潛力，就會體會到生命的意義和價值。

為了登上生命的巔峰，為何不大膽付出、盡情發揮呢？

2.

學習不斷地描繪自己的目標

在人生的海洋中，大約有百分之九十五的船是無舵之船，總是漫無目的地漂流。面對風浪海潮的起伏變化，他們束手無策，只有聽其擺布、任其漂泊。結果他們不是觸岩，就是撞礁，以沉沒而告終。還有約百分之五左右的人擁有方向、目標，又研究了最佳航線，同時學習了航海技巧。這些船從此岸到彼岸、從此港到彼港，有計畫地行進。他們像現實中的船長一樣，既熟知下一個停泊或通過的港口，也深知航船的目的地。即使航行的目的地暫不明確，也能清楚地知道目標的特性、目的地應有的東西和現在航行所在的水域。如果出現大風巨浪或意想不到的天災人禍，他們不會慌張，因為他們知道，只要把應做和能做的都做到，那麼抵達目的地就是確定無疑的事。

是什麼原因使我們的目標無法實現呢？不要說自己有那麼多的困難，不要為自己找藉口，請把眼光越過困難，看著自己的目標，這樣就能成為一個行動家，達到自己的目標。

達成目標的重要方法之一，就是在心裡明確地把目標描繪出來，要很有把握地想像成功之後的情況，千萬不要漠不關心。例如學習英語會話，如果想要進步，就

必須在心中想著以後自己能用很流利的英語來和外國人交談的場面。

每天對這種心理的想像做一番確認，不論是清早還是睡眠之前，都是很合適的時間。如果能持續不斷地做下去，那麼，在我們的潛意識裡，這種想像會變得越來越有真實感，而這樣的真實感會促使你盡全力發揮潛在的精力和才能。

潛意識往往表現在行為上，也就是說我們的行動時常受到潛意識的控制。如果能掌握潛意識的作用，再加以巧妙地運用，那麼，我們心中所想的終有一天會成為現實。

確認目標的關鍵是把目標說出來或寫在紙上。這樣，把原來在心裡想的東西改成用耳朵來聽、用眼睛來看，同時加深腦中的印象。每天反覆做，一段時間之後，自然會產生自信。

由於潛意識的不斷督促和指揮，神奇的創造力由我們的身上不斷發揮出來。這樣一來，達成目標就再也不是一件難事了。但是，也不能小看消極的想法，盡量放棄消極、無法做到的想法，代之以積極、肯定、強烈的信念，來充實我們的精力。

把「我可以做」、「我要成就一番事業」等積極想法不斷地灌輸進我們的內心。

不久，想法中消極的部分消失了，我們的心中自然都是積極的想法。如果把心裡所想達到的事情擱置下來或只在口頭上說說而已，我們的目標就永無實現之日。我們

44

應該向著成功的目標，每天一定要做出一點事。

一年的目標在遠方，十年的目標在更遠的地方，但是一天的目標若能達到，心中所湧現出的自信會使我們的潛能發揮到極致。所謂大目標、大事業，全是由每天實現的小目標累積而成的。不管目標有多大，只要從小的地方開始著手，就一定能夠成功。把目標寫在紙上，純粹是為了能用眼睛來確認心中所想的事，這叫做「目標視覺化」。大家可以買一本剪貼簿，把自己所寫的目標圖貼上。假如記錄中記有「新房子」一項，就去找雜誌，找到想要的那種房子，把它剪下來貼在剪貼本上，而且還要加上美麗的庭院、豪華的大門、結滿果實的樹木。如果記錄中有「五年以後要當科長」一項，就畫一張自己坐在科長位子的圖畫。同時，不要忘記放在桌上的裝飾品，如檯燈、辦公用品、電話等東西。

「目標視覺化」的目的是為了要使目標在我們的潛意識發生作用。所以，應該常常拿出剪貼簿來翻閱，要一頁一頁仔細地看，看的時候不要只對裡面的內容想「我想要……」、「我很喜歡這個樣子……」，而應全神貫注，認為這就是自己以後的寫照。記住，必須要用這種感情來對待才行。利用剪貼本不斷提醒自己，會使我們產生「我一定能做得到」的想法，而走向成功之路。

3. 在目標實現過程中不要強迫潛意識

法國著名心理療法醫師里‧庫埃曾經說過：「如果你的目標與想像之間發生衝突，那麼後者將會佔據主導。」

他還舉了一個例子說明：「倘若你奉命在地上放著的一塊木板上行走，那麼這在你來說，實在是易如反掌。現在，假如這塊木板搭在兩堵高牆的牆頭之間，離地面足有兩層樓高；那麼，你還能夠無所畏懼地在上面行走嗎？你行走於其上的願望、意志乃至事實上的行動，在片刻之間就會發生逆轉，擔心失敗而從木板上掉下來的念頭很快就佔了上風。這樣的大腦意識不啻為打擊自己的信心，最終導致走向願望的對立面。」

「其潛台詞就是：你做出了『無力改變局面』這一自我暗示。這種自我暗示的力量是如此強大，致使潛意識思維受到抑制，潛意識就聽命於誰。因此，避免或禁止在祈禱時產生不必要的想像，是你的目標得以實現的重要前提。」

向潛意識說出自己的要求和渴望是必要的，但要完成這一過程，需要全身放鬆、心態平和地進行。只有這樣，潛意識才能自主工作並發揮力量。不要過分關注

過程之中的細節和手段，重要的是我們的心態。不論何時，每當想要解決的問題得到了解決，就要記住這種成功後的快感。當我們從一場大病中痊癒，那種難以愉悅的喜悅之情理應伴隨我們左右。要時刻用那些快樂的事情來充實我們自己。

運用潛意識思維時，不要使用意志力，不要假定會存在任何對手。唯一需要做的，就是想像目標實現後的那種喜悅和高興的狀態。這時，我們將會發現：自己的某些「悟性」與「智慧」總想擋住潛意識的前進之路。別去管它，盡力保持一份單純而強烈的信念，它終將產生奇蹟。

要潛意識做出有效的回應，一個相當可行的方案是，運用一切科學的手段「啟動」頭腦中的想像力。具體的方法是：首先，對問題進行分析；其次，把解決問題的任務交給我們的潛意識思維；最後，醞釀情感，對潛意識的能力寄予完全的信任，堅信問題一定能夠得到解決。我們的言辭要充滿無限的權威、充滿堅定的力量，要對自己說「我一定能夠痊癒」、「我相信將一切順利」。

很多人可能都會有這樣的經歷：參加考試時，當拿到考卷的一瞬間，經常會發現，原來熟記於心、背得滾瓜爛熟的東西一時都想不起來了，只覺得頭腦中一片空白，回想不起任何和考試內容相關的東西。這時，如果越是拼命想某些東西、就越是想不起來。在這種情況下，最好的選擇就是暫時把它放棄，做那些你可以記住的

東西。等到把全部試題都答完了，再回過頭思考剛才想不起來的問題。還有些東西，在考試時間內難以想出它的答案，但是當走出考場，心中的壓力全都解除之時，那些我們怎麼想也想不出的問題，卻神不知鬼不覺地跑了出來。以強迫性意識進行記憶，正是考場的大忌。

對大腦使用強迫性力量，其實是自己給自己預先設下了對立面。如果思維集中於解決問題的方法或過程，那麼，它就不會關注於問題本身。對於任何想法、願望或頭腦意象而言，意識與潛意識之間必須達成某種默契。只有二者之間不存在任何的衝突時，答案才會出現。

4. 在通向目標的路上，要堅持積極的想像

三十年之前，當一對夫婦中的妻子還是少女的時候，聽說距離她家不遠的地方有一個介紹紐西蘭的幻燈片的講座，於是就約上兩位好朋友一塊去聽，這兩位好朋友都是和她一樣年輕漂亮的女孩子。在那場講座上，有關紐西蘭的美麗富饒、多姿多彩及它的植物和各種風情，都讓她非常感動，特別是南島西部海岸的大片油綠的

48

熱帶雨林及其巨大的蕨類植物深深地迷住了她。三年之後，她結婚了，不久就有了一對雙胞胎。於是，她就把去紐西蘭旅遊的夢想深深埋在了心底，只是貪婪地閱讀所能夠找到的有關夢想之國的書籍。

時間過得很快，這一年的耶誕節前夕，他們的小女兒到了結婚的年齡。在隆重而盛大的婚禮舉行之後，新婚夫婦邀請父母在耶誕節之後一起去滑雪度假，於是他們和孩子們一道去奧地利的蒙塔村玩上三週。

聖誕前夜，裝有滑雪工具的箱子和衣服已經全部準備好了，女婿這個時候才向請他的岳父岳母打開看看：女主人滿腹疑惑地打開了信封，從中抽出一封信來，她立刻認出這是小女兒的親筆所書，於是就屏住呼吸念了起來：

「親愛的媽媽，我們騙您們說一塊去蒙塔村度假，但我們是想給您們一個大大的驚喜。我們為您和爸爸預定了去紐西蘭的機票。後天，您們將乘坐紐西蘭航空公司的飛機由蘇黎世飛往奧克蘭，在那裡度假三週。到那裡後的第三天，您們就可以周遊北島、南島了，您們的旅行就可以正式開始了，您終於可以看到您所

他們解釋說，滑雪度假是騙他們的，他們可以把附有風帽的厚衣服和毛衣取出來了，因為他們已經用不著那些東西了。說完之後，女婿就把一個信封放到了桌子上，

熱愛的巨型蕨類植物了。我們倆不得不在蒙塔村湊合一週的時間，因為沃爾夫有公務在身，實在沒有時間，所以就只好如此了。」

看完信後，她從信封裡抽出兩張飛往她嚮往已久的神聖目的地——紐西蘭的機票，感到是那麼不可思議。整個晚上，這對父母都沉浸在巨大無比的幸福之中。

這位母親一輩子就這麼一個夢想，她不斷地在向它靠近。許多年以後，夢想終於成為了現實。表面上看，夢想是透過她的女婿來實現的，然而潛意識是可以透過成百上千的管道來實現願望的。

要充分相信自己的潛意識，而且首先是不要命令它用何種方式來實現願望，這一點非常重要，只要把內心的願望這一重要訊息傳達給潛意識，我們就做了應該做的。至於如何到達願望實現理想，潛意識會在無形中逐步指引你向它靠近。如果給它指定了通往願望的途徑，結果很可能會適得其反，欲速則不達。如果我們整天去考慮如何依靠潛意識的力量迅速快捷地到達目的地，那麼結果很可能只有一個，那就是不斷失望，每天都生活在失望與痛苦中不能夠自拔。所以，請每個人務必停止幻想讓潛意識按照何種步驟實現願望，只有這樣，我們才能夠真正享受到潛意識所帶來的實現願望的驚喜感。

在通向目標的道路上，每個人都應該學會接受生活中發生的大小事件，將其視為理所當然，要堅持積極地想像。如果把自己對目標的信念與想像當成燃料，不斷地給潛意識這台引擎加油，那麼我們的潛意識就可以運行了；同時，我們會距離自己的目標越來越近，成功的可能性就越來越大。

5. 弄清楚自己究竟想要什麼

許多人根本就不知道自己到底想要什麼，只知道不想要什麼，然後成天唉聲嘆氣、怨天尤人。問問身邊的同事、朋友、家人和親戚，他們想要什麼東西，他們的真正目標究竟是什麼，聽到大多數的答案是「反正我不想……」，而不是「我想……」。多數人的問題在於用否定，而非肯定來表達自己所有的想法。我們已經知道潛意識對否定和肯定都是一視同仁，只不過結果相左。於是，很多人的生活都產生了形形色色的問題，原因正是由於他們的無知，這種對自己的真正需要並沒有明確目標的無知，使得自己內部的「電腦」執行了錯誤的程式和指令，就只有產生錯誤的結果。假如每個人都能很清楚地知道或確定自己究竟想要什麼，事情的結果就

不會那麼糟，因為潛意識會指引我們向著目標努力，而不是漫無目的地瞎碰亂撞。

一個人和妻子去攀登澳洲的艾爾斯山，途中在愛麗斯泉市休息了一天，該市被稱之為澳洲的紅色中心，距離艾爾斯山大約有幾百公里的路程。那天的天氣非常炎熱，頂著五十多度的高溫，他們來到了這片綠洲。從機場去飯店的途中，夫婦倆看見一些土著居民，他們三三兩兩地在樹下坐著或躺著，什麼事情也不做。

到了飯店，他詢問服務台為什麼這些人看上去如此潦倒，為什麼白天在樹下喝啤酒而不去工作。服務員告訴他，國家每個月都會給他們一點補助金來養活他們。

因此，他們不需要每天出去很辛苦地工作賺錢，時間一長，也就習慣了這種生活。從土著居民的生活狀況來看，政府給予他們的補助金已經很多了，用這些錢支付平時的日常生活開支已是綽綽有餘，其原因不外乎兩個：第一，在這樣的氣溫下，屋裡比外面要更加悶熱，他們根本就不需要住房；第二，這點錢足夠買食品和飲料，他們完全不必為生計憂愁，也就沒有出去工作的動力了。

長此以往，那些土著居民便屈從於他們的命運，像牛馬一樣度日，幾乎沒有一個人想去努力打破這種惡性循環。他們就像群居動物一般穿著布袋在沙漠上遊蕩，不再有任何的理想和願望，唯一的想法就是能夠安安靜靜地過完每一天。他

們的潛意識只接受大腦傳遞過來的這種訊息，思維方式已經被固化。

兩週以後，夫妻二人在雪梨又看到了另外一種土著人，他們談吐得體，衣著也非常整潔，而且令人感到吃驚的是，他們還駕駛著豪華的汽車。為什麼會這樣呢？這其實就是放棄與奮鬥的重大差異、兩者生活的天壤之別，足以證明有一部分人不願意放棄，克服一切困難去爭取幸福，最後實現了願望。直至最後，目標一個目標，而且還要像這塊土地上的白人一樣去實現自己的目標。原因是他們有一變成了現實，這是因為他們曾經上千次地在想像中經歷和享受了今天的結局。在想像中崛起和在安逸中死去，正是這兩種土著人之間生活的巨大差異的最根本原因。因為，兩種土著人的潛意識完全不同，由此而產生的結果自然也有天壤之別。

事實上，束縛人的枷鎖大多是由人自己套上去的，而我們的幸福完全掌握在自己的手裡，只要努力，就可以得到想要的東西，我們的目標很可能變成現實。因為，我們給潛意識發出了走向成功的指令，潛意識當然會毫不猶豫地執行這個命令，直到它成為現實為止。如果一個人隨便就放棄，那麼很難指望潛意識能夠賜予他什麼美妙的禮物，成功只不過是他的幻想而已，永遠都不會降臨在他身上。因為潛意識並沒有向著他所希望的方向努力，得到的就只有失敗和徬徨了。

6. 潛意識從來都不拒絕任何積極的想像

經常會有人問到這樣的問題：如果在經濟上遇到了困難，我們該如何去應對？

這其實是一件相當嚴肅的事情，但是可能大多數的人都沒有意識到問題的嚴重性。

事實上，只有那些拒絕錢的人才會出現金錢的危機。當然，如果有人正好出現了這種情況，他可能會反駁說：「真是胡說八道，我已經竭盡所能地去賺錢了，而且在不斷尋找一份比現在賺得更多的新工作，怎麼會是拒絕錢呢？」如果有人真的這樣認為，說明他已經了解了關於金錢的自然法則。下面的這個例子，正好來說服大家相信這些法則是非常正確的，並且以最快的速度行動起來，重開財源。

首先來分析一下，有金錢危機的人在想些什麼。一天二十四小時裡，他們的腦子裡大都是充滿了憂慮與害怕，要設法與銀行、保險公司或汽車、房子等分期付款的公司進行交涉，請求他們寬限幾天，還要讓他們覺得拖延一段時間完全是由於眼前的困境所導致的。腦子裡始終被這些念頭長期佔據，正所謂「日有所思，夜有所夢」，這些恐懼和危機感很容易就會反映到精神上。如果能夠拋棄這種消極的思想、樹立起積極的信念，處境很快就會有所改變，當我們真正了解這些黃金法則的時候，困境也就過去了。

每天靜靜地想像幾次，每次大概十分鐘左右，想像自己正在把一筆錢存進銀行戶頭，感覺到手中正捏著鈔票或者支票本，銀行的出納正在向我們表示祝賀，我們現在不僅填補了戶頭上的差額，而且還有一筆數額不菲的積蓄。一定要盡可能加深這種印象，並且從心裡覺得這一切都是真實的。在這種意念的指引下，潛意識很快就會發揮它應有的作用，我們額頭上的皺紋就會慢慢減少，精神面貌當然也就會為之改觀。這個時候，工作就會更加順利，金錢危機將在不久的將來消失。

大家很清楚，人在這種情況下會有什麼樣的感覺，所以必須把擁有的所有感覺都放進每天幾次的十分鐘裡，只有這樣，潛意識才會發揮作用，才會默默幫助我們。

儘管這樣做了，仍然可能會有消極的思想出現，即使一天出現一百次這樣的情形，也要對自己這樣說：「雖然目前還是老樣子，但我已經能夠預知未來了，因為我相信精神的作用。」除了每天十分鐘的「自我想像」之外，還可以來一個三十秒的方案，以加深認識。閉上眼睛或者睜著眼睛研究想像沒有區別，重要的是把全部注意力放在肯定的、期待的事物上面。在這樣做的時候，千萬不要以消極的態度談論金錢，比如說：「這個我消費不起！」、「太貴了，我捨不得買它！」諸如此類的話語。

在無事可做的時候，可以翻一翻旅遊宣傳品、住房廣告、汽車廣告等與生活中的美好事物相聯繫的東西，找出自己喜歡或嚮往的美好目標，設想自己夢想中別墅

的輪廓，感覺一下自己容光煥發的形象，想盡一切辦法讓自己從消極的思維模式中走出來。

如果這樣去做，尤其是堅持這樣做，就一定會有所收穫。因為，潛意識從來都不拒絕任何積極的想像，而只會按照它所發出的命令行事。

第三章
用潛意識來加強自信心

1. 過分地低估自己是一種罪惡

那些害怕失敗的人，事先就在潛意識裡面想像事情是不可能的，自己給自己畫地為牢，正是這一點限制了他們自己。西方世界流傳這樣一句話：「低估自己不是美德，而是一種罪惡。」

有這樣一個寓言故事：一隻母雞在孵雞蛋時孵了一顆鷹蛋。小鷹自破殼而出之日起便跟小雞一起長大，從沒有認為自己跟小雞有什麼不同。有一天，小鷹仰天而望，看到有隻鳥凌空翱翔，於是問：「那是什麼？」有隻小雞答道：「噢，那是一隻鷹，百鳥之王。」「哇！但願我也能像牠那樣飛翔！」小鷹滿懷敬畏地說。「別妄想了，」小雞說，「你不過是隻母雞，母雞是飛不起來的。」聞此言，小鷹甚感沮喪和氣餒，於是繼續啄食，過著母雞般的生活。

生活中有實例——

蔡元培任北京大學校長時，有一次和學生們談話，他突然問：「五加五等於

58

多少？」大學生們一下子愣住了，以為名望極高的校長所問，必不尋常，一定有奧妙。一時間，大家左顧右盼，都不敢應聲作答。過了一會兒，才有一個學生小聲而不無遲疑地嘀咕：「五加五等於十……」蔡元培望著這名學生笑，點點頭，說：「對。」並勉勵大家說，不要盲目崇拜偶像、侷限自己，要有自信！

很多傑出的科學家曾認為音障是不可能人為突破的。有些人甚至以為，在一馬赫（飛行物在空氣中移動的速度與音速之比）時，飛行員與飛機將同時毀亡，或者飛行員將失聲、返老還童、飽受摧殘。但是一九四七年十月十四日，美國飛行者查克·葉慈駕著貝爾航空 X－11 飛機，達到一·○六馬赫的速度，三天後提高到一·三五馬赫，六天後更是高達當時不可思議的二·四四赫，粉碎了人類無法突破音障這堵「看不見的牆」的神話。美利堅民族崇尚自由，富有冒險精神，強調自我奮鬥，在任何時候，對任何問題的處理，似乎從來沒有統一過；但是美國人具有強烈的自尊心和自豪感，正如他們自己認為：American（美國人）一詞的最後四個字母拆開來便成為 I can（我能）！

親愛的讀者，你也不妨說出：「I can ！」

人在出生前，已經具備了一切最完美的條件，所有足以帶領我們邁向巔峰的成

功因素都早已安置在我們心裡，只要我們了解、開始發揮潛能，無須經過任何訓練，將立刻成為成功跑道上的最佳選手。

時刻告訴自己：「我是最棒的，我是成功者，我是頂尖的大師。」我們不是在告訴自己或教導自己，只不過在提醒自己罷了。

所有的成功人士知道，在人生中可以控制的一個層面就是自己的想法。除了靠別人的賞識外，最重要是先去肯定自己，好好發揮自己的優勢，盡自己最大的努力。

毫無疑問，人可以長時間賣力工作，創意十足、聰明睿智、才華橫溢、屢有創新，甚至好運連連。可是，人若是無法在創造過程中真正地了解自己想法的重要性，就一切都會落空。

確實，在成功、財富及繁榮的創造中，最重要的因素來自內心。如同有句話提醒我們的那樣：「堅持著一串特殊的想法，不論是好的是壞的，都不可能不對性格和環境產生一些影響。人無法直接選擇環境，可是他可以選擇自己的想法，這樣做可以間接地塑造他的環境。」

綜合各行各業的許多成功人士，雖然他們各有不同的才華、氣質、技術、工作道德和專業背景，但卻有一個共同點。這個共同點就是，他們都覺得自己很成功，並且從未質疑過這個事實，他們無法了解為何有人會質疑自己的偉大程度。他們很

2. 生活的態度決定人生的高度

潛意識訓練大師蘇埃爾‧皮科克說：「成功人士始終以最積極的思考、積極而主動的認識自我、最樂觀的精神和最成熟的經驗，支配和控制自己的人生。」

積極思維必定會改善一個人的日常生活，但並不能保證他凡事都心想事成；可是，相反的態度則必敗無疑，擁有消極思維的人絕對不能成功。從來沒有抱消極態度的人能獲得持續的成功。

有一個冷酷無情的人，嗜酒如命且毒癮甚深，有好幾次差點連命都沒了。因為他在酒吧裡看一位酒保不順眼而犯下殺人罪，被判終身監禁。

他有兩個兒子，年齡相差才一歲，其中一個跟他爸一樣有很重的毒癮，靠偷

竊和勒索維生，也因犯了殺人罪而坐監。

另外一個兒子不一樣，他擔任一家大企業的分公司經理，有美滿的婚姻，養了三個可愛的孩子，既不喝酒也不吸毒。

為什麼出於同一個父親，在完全相同的環境下長大，兩個人卻會有不同的命運？在一次私下訪問中，記者問起造成他們現狀的原因，二人竟然是相同的答案：「有這樣的老子，我還能有什麼辦法？」

我們經常以為一個人的成就深受環境影響，有什麼樣的遭遇就有什麼樣的人生。這實在是再荒謬不過了，影響我們人生的絕不是環境，也絕不是遭遇，得看我們對這一切抱持什麼樣的態度。

洛杉磯市的蒙特利公園橄欖球隊曾發生過這樣一件事：當時，有幾位球員出現了食物中毒的現象，經推斷可能是販賣機裡的汽水出了毛病，因為這些人都是在光顧了那台販賣機之後才發現有異樣的。隨之，喇叭便開始廣播，警告人們注意不要去買販賣機裡的飲料，因為有人病了，同時還描述發病的症狀。頓時，整個觀眾席發生了恐慌，有人開始反胃，有人昏厥，甚至有些只是經過販賣機而什麼都沒買的人都覺得不對勁了。

那天，救護車飛馳於球場和醫院之間忙著載運病人。後來經過證實，販賣機沒有問題，奇怪的是，這些「中毒的觀眾」竟然都不藥而癒。

由這個例子可以看出，信念可以使人在前一刻得病，而後一刻又不藥而癒。

記得一篇文章中有著這樣一段話：「當面對一道很難攀越的高牆時，不妨把你的帽子扔過去，然後你就不得不想盡一切辦法翻過高牆到那一邊去了。」

「把自己的帽子扔過牆去」就意味著別無選擇，為了找回自己的帽子，必須翻過這道圍牆，毫無退路可言。這就是給自己施加壓力，讓自己永遠不要有退縮的念頭，戰勝困難、爭取成功。

教練米盧有一句名言：「態度決定一切。」說得很精闢，他說的態度就是責任心。責任心對工作品質、對事業的成敗發揮決定性作用，是最基本的素質。如果缺乏責任意識，心思和精力不用在工作上，即使能力再強、水準再高，也不可能把工作做好。有了強烈的責任意識，就會有使命感、工作思路、高標準、嚴要求。責任心不一樣，精神狀態、工作標準和工作品質也不一樣。

成功人士與失敗人士之間的差別是：成功人士始終用最積極的思考、最樂觀的精神和最輝煌的經驗支配和控制自己的人生。失敗者剛好相反，他們的人生受過去的種種失敗與疑慮所引導和支配。

有些人總喜歡說，他們現在的境況是別人造成的，環境決定了他們的人生位置。這些人常說他們的情況無法改變。但如何看待人生，可以由我們自己決定。納粹某集中營的一位倖存者維克托・弗蘭克爾說過：「在任何特定的環境中，人們還有一種最後的自由，就是選擇自己的態度。」

最常見也是代價最高昂的一個錯誤，就是認為成功依賴於某種天才、某種魔力、某些我們不具備的東西。

其實，成功要素掌握在我們自己手中，成功是正確思維的結果。一個人能飛多高，不僅有著人為的其他因素，更重要的是受他自己的態度所制約。

下面這些常見的態度常常導致了我們的失敗：

（1）我們怎樣對待生活，生活就怎樣對待我們。

（2）我們怎樣對待別人，別人就怎樣對待我們。

（3）我們在剛開始時的態度就決定了最後有多大的成功，這比任何其他因素都重要。

（4）人們在任何組織中地位越高，就越能找到最佳的態度。

難怪有人說過，我們的環境——包括心理的、感情的、精神的，完全由我們的態度來創造。

所以，不要讓任何消極的心態成為我們失敗的藉口和自我安慰的理由，不要企圖迴避喚醒積極心態這種挑戰。當心中充滿消極的念頭時，我們的才智就會停止活動。我們希望邁向事業的目標，但心中卻是恐懼、緊張及矛盾。所以，當我們有了任何消極的負面思想的時候，就應當告訴自己：「我不會讓它得逞，我要忘掉一切消極的想法！」當抹去心中消極的陰影後，我們的才智就會凸現出來，並開始茁壯成長，使我們的事業得以一帆風順。

3. 在潛意識裡希望和相信成功

人生如一艘在大海中航行的帆船，掌握帆船航向與命運的舵手便是自己。有的帆船能夠乘風破浪，逆水行舟，而有的卻經不住風浪的考驗，只好放棄目標離開大海，或是被大海無情地吞噬。之所以會有如此大的差別，不在別的，而是因為舵手對待生活的態度不同。前者被樂觀主宰，即使在浪尖上也不忘微笑；後者是悲觀的信徒，即使起一點風浪也會讓他們膽戰心驚，讓他們祈禱好幾天。一個人或是面對生活閒庭信步，抑或消極被動地忍受人生的淒風苦雨，都取決於對待生活的態度。

生活如一面鏡子，我們對它笑，它就對我們笑；我們對它哭，它也以哭臉相示。

悲觀主義者說：「人活著，就有問題，就要受苦；有了問題，就有可能陷入不幸。」即使受一點點挫折，他們也會千種愁緒、萬般痛苦，認為自己是天下最苦命的人。正如英國哲學家羅素所形容的：「不幸的人總是認為自己是不幸的。」悲觀主義者用不幸、痛苦、悲傷建成一間屋子，然後請自己鑽了進去，並大聲對外界喊著：「我是最不幸的人。」因為自感不幸，他們的內心便失去了寧靜、不平、羨慕、嫉妒、虛榮、自卑等悲觀消極的情緒應運而生。這些都是他們自己拋棄了快樂與幸福，是他們自己一葉障目、視快樂與幸福而不見。

樂觀主義者說：「人活著就有希望，有了希望就能獲得幸福。」他們能從平淡無奇的生活中嚐到甘甜，因而快樂如清泉，時刻滋潤著他們的心田。

一個人快樂與否，不在處於何種境地，而在是否持有一顆樂觀的心。對同一輪明月，在淚眼朦朧的柳永那裡是：「楊柳岸，曉風殘月。此去經年，應是良辰好景虛設。」而到了瀟灑飄逸、意氣風發的蘇軾那裡，便成為：「但願人長久，千里共嬋娟。」同是一輪明月，在持不同心態的不同人眼裡便是不同的，人生也是如此。

上天不會給我們快樂，也不會給我們痛苦，只會給我們生活的佐料，調出什麼味道的人生，那只能在我們自己。我們可以選擇一個快樂的角度去看待它，也可以

66

選擇一個痛苦的角度；同做飯一樣，可以做成苦的，也可以做成甜的。所以，我們的生活是笑聲不斷，還是愁容滿面，是披荊斬棘、勇往直前，還是縮手縮腳、停滯不前，這不在他人，都在我們自己。

樂觀是一個指南針，讓人駛向成功的彼岸；樂觀是一劑良藥，可以醫治苦難的傷痛。為了美好的人生，請讓樂觀主宰自己！

哈佛大學一位教授主持了一個有趣的實驗，對象是三批學生與三群老鼠。

他對第一批學生說：「你們很幸運，你們將和天才小白鼠同在一起。這些小白鼠相當聰明，牠們會很快到達迷宮的終點，並且要吃許多乾酪，所以要多買一些餵牠們。」

他告訴第二批學生說：「你們的小白鼠只是普通的小白鼠，不太聰明。牠們最後還是會到達迷宮的終點的，並且要吃一些乾酪。但是不要對牠們期望太大，牠們的能力與智慧都很普通。」

他告訴第三批學生說：「這些小白鼠是真正的笨蛋。如果牠們能找到迷宮的終點，那真是意外。牠們的表現或許很差，我想你們甚至不必買乾酪，只要在迷宮終點畫上乾酪就行了。」

以後的六個星期，學生們都在精心地從事試驗。天才小白鼠就像天才人物一樣地行事，在短時間內很快就到達了迷宮的終點。那些普通的小白鼠呢？牠們也到達了終點，但是在這個過程中並沒有任何較快的速度。至於那些愚蠢的小白鼠，更不用說了，只有一隻最後找到迷宮的終點，那可以說是一個明顯的意外。

有趣的事情是，根本沒有所謂的天才小白鼠和愚蠢小白鼠之分，牠們都是同一窩普通的小白鼠。這些小白鼠的成績之所以不同，是參加的學生態度不同而產生的直接結果。簡而言之，學生們因為聽說小白鼠不同而採取了不同的態度，而不同的態度導致不同的結果。

學生們並不懂得小白鼠的語言，但是小白鼠懂得態度，因而態度就是語言。

人生的法則就是信念的法則。在「運氣」這個詞的前面應該再加上一個詞，就是「勇氣」。相信運氣可支配個人命運的人，總是在等待著什麼奇蹟的出現。這種人只要上床躺一躺，就會夢見中了大獎或是挖到金礦之類能突然致富的夢；而那些不這樣想的人，會依據個人心態的趨向為他自己的未來不斷努力。

依賴運氣的人常常滿腹牢騷，一味地期待著機遇的到來。至於獲得成功的人，覺得唯有信念方能左右命運，因此只相信自己的信念。

在別人看來不可能做到的事，如果當事人能在潛意識裡認為可能，也就是相信能做到的話，事情就會按照那個信念的強度從潛意識中激發出極大的力量來。這時，即使表面看來不可能的事，也能夠做到了。我們應當有高標準、提高自信心，並且執著地相信必能成功。

成功意味著許多美好、積極的事物，是生命的最終目標。人人都希望成功，最實用的成功經驗是「堅定不移的信心」。但是，真正相信自己的人並不多，結果，真正做到的人也不多。

有時候，可能會聽到這樣的話：「光是像阿里巴巴那樣喊『芝麻，開門』就想使門真的移開，那是根本不可能的。」說這話的人把信心和想像等同起來了。不錯，我們無法用想像來移動一座山，也無法用想像來實現目標。但只要有信心，我們就能移動一座山；只要相信能成功，就會贏得成功。

關於信心的威力，並沒有什麼神奇或神祕可言。信心產生作用的過程其實很簡單：相信「我確實能做到」的態度，產生了能力、技巧這些必備條件，每當我們相信「我能做到」時，自然就會想出「如何去做」的方法。

大部分的人可能都認為自己不是一個成功的人，而且認為成功對自己來說是不可能實現的，說不定在做事之前早已灰心喪氣了。的確，成功的人不多，很多人或

許是不幸的人。但起碼的事實卻是：其實任何人都有成功的機會，只是不想去獲得它而已。因為我們早已經放棄想要成功，所以機會就棄我們而去。

如果我們想成功，就必須先在潛意識裡希望自己成功、相信自己會成功。

4. 從潛意識裡就要尊重和相信自己

自尊是人生的底價、自立的基礎，不管任何時候都不能失守、放棄。如果我們在潛意識裡就尊重自己，自然也會得到別人的尊重；在潛意識裡相信自己，所以最終才超越了自己。

一九一四年冬天，美國加州沃爾遜小鎮來了一群逃難的流亡者。好心的人們給這些流亡者送去飯食，他們個個狼吞虎嚥，連一句感謝的話都來不及說。只有一個年輕人除外，當鎮長傑克遜大叔把食物送到他面前時，這個骨瘦如柴、饑腸轆轆的逃難者問：「吃您這麼多東西，您有什麼工作需要我做嗎？」

傑克遜說：「不，我沒有什麼東西需要你來做。」

這個年輕人的目光立刻暗淡下來，說：「那我不能沒有經過工作便平白吃您的東西。」

傑克遜想了想說：「我想起來了，我家確實有一些工作需要你幫忙。不過，要等你吃過飯，我才給你派工作。」

「不，等做完了您的工作，我再吃這些東西。」這個年輕人堅持要工作。傑克遜只好說道：「年輕人，你願意為我捶背嗎？」

於是，這個年輕人迅速彎下腰，十分認真地給傑克遜捶背。

後來，這個年輕人就留下來在傑克遜的莊園裡工作，並成為他的左右手。兩年後，傑克遜又把女兒瑪格珍妮許配給他，因為他有尊嚴。」果然不出所料，二十年後，這個年輕人真的成了億萬富翁，他就是美國赫赫有名的石油大王哈默。

人們讚賞傑克遜的慧眼。一個人在窮困潦倒、逃難流亡之際，仍堅守著自己的原則、捍衛著個人的尊嚴，還有比這更可貴的嗎？事實證明，他沒有看錯，給年輕人一個機會，年輕人便回報他一個驚喜。

自尊是一種廣告，走到哪兒就會帶到哪兒。想當初，哈默如果和其他逃難者一

樣，見了水就喝、接過飯就吃。他能結識傑克遜嗎，能找到這份工作嗎，更不要說娶人家女兒了。其實，人的一生都是在推銷自己，所說的每一句話、做的每一件事，都是自己的廣告語。

自尊也是一種力量。如今，許多人都苦於碰不到伯樂、找不到機遇，長歎空有回天之力無人識。但他們卻忘了，手中還有自尊這件武器。有個勤工儉學的大學生，到一家麵包店推銷奶油，和老闆約定第二天上午十點見面。第二天，那個大學生準時到達，但等到下午四點，老闆才慢慢趕來。這樣言而無信，你一輩子也成不了大老闆。」老闆的奶油，但不能傷害我的尊嚴。大學生厲聲告訴他：「你可以不買我驚得滿頭大汗，但很快就豎起了大拇指，不僅立刻和這個大學生簽訂了長期合約，而且還介紹了很多生意夥伴給他。

自尊更是一種高尚。因為自尊總是建立在平等之上，要求別人尊重自己的人格，就必須首先尊重別人的人格；要求別人尊重自己的工作，就必須首先尊重別人的工作。尊重必然換來尊重，尊重也必然帶來溫暖。只有人人都獻出一點愛，世界才能變成美好的人間。

和哈默一樣，世界上的許多成功者，都是從自尊開始。自尊者自成，自尊者自立。如果正站在人生的十字路口，那也不妨從自尊走起。

5. 要有征服和改造自己的潛意識

魯迅先生說：「倘要完美的人，天下配活的人也就有限。」正因為我們每個人都不可能是完人，難免存在各式各樣的缺點與毛病，甚至一不小心就會出紕漏、犯錯誤，所以我們常常需要征服自己。

征服自己就是面對自己、解剖自己，就是挑戰自己、磨練自己。征服自己就是向各種負面情緒和消極思想抗爭，就是向自身潛在的假醜惡開火。征服自己猶如主動拂去琴弦上的塵灰，猶如毅然割去肌體上的惡瘤。事實上，我們時常面臨著征服自己的課題：在面對困境一籌莫展時，我們能否征服自己的脆弱？在春風得意、躊躇滿志時，我們能否征服自己的狂傲？在懷才不遇、失意孤獨時，我們能否征服自己的消沉？在手握權柄、前呼後擁時，我們能否征服潛在的淺薄？在面對鬧市喧囂時，我們能否征服自己的浮躁？在生活安逸時，我們能否征服潛在的懶惰？在種種誘惑面前，我們能否征服自己的貪婪？在面對各種矛盾、糾葛，容易感情用事時，我們能否征服自己的衝動？

征服自己是一種自省──自我反省、自我省察，是人生的清涼油。征服自己也是一種自笞──自我警惕、自我提醒，是生活的長鳴鐘。征服自己更是一種自糾

——自我批評、自我糾正，是生命的解剖刀。

能否征服自己，往往因人而異。自知者有自知之明，勇於征服自己；自尊者視尊嚴高於一切，敢於征服自己；自愛者懂得自珍自愛，勤於征服自己；自信者堅信一切缺點都能克服，樂於征服自己；自強者深知戰勝自己比戰勝對手更重要，忙於征服自己。而自負者妄自尊大、目空一切，看不到自身的毛病，因此覺得不需要征服自己；自卑者妄自菲薄，缺乏完善自我的信心，因此不敢征服自己；自欺者自我麻醉，對自己的缺點視而不見，因此不會征服自己。

征服自己不容易，因為沒有他人的參與：沒有人要求，沒有人監督，沒有人點撥，甚至沒有人喝采，一切鬥爭和過程都展開在內心和靈魂深處。因而，征服自己需要高度的自覺，需要極大的勇氣，需要堅忍不拔的毅力，需要持之以恆的意志。征服自己的過程就是珍珠在蚌殼中痛苦孕育的過程，如果缺乏一種精神，恐怕難以征服自己。

懂得征服自己，是一種清醒；善於征服自己，是一種智慧。人們透過征服自己、改造主觀世界，促進了自我修煉和完善，促進了自我提高和昇華，使人真正走向成熟，贏得一種內在的力量，從而推動人生走向成功、趨於圓滿。而一個從不主動去征服自己、一味跟著感覺走的人，便很難去征服世界，也很難獲得人生的輝煌。

看看那些成功者，我們不難發現，他們既是征服世界的好手，也是征服自己的典範。義大利男高音卡羅素，一生坎坷、屢遭磨難，如果不是勇於征服自己——征服困頓時的脆弱、征服逆境時的絕望，他又如何能堅持一輩子始終對音樂癡情不改？香港金利來公司的老闆曾憲梓，艱難創業、幾經挫折，如果不是敢於征服自己——征服受挫時的悲觀、征服順利時的懈怠，他又如何能使「金利來」這一品牌經久不衰？

蘇格拉底說：「未經審查的人生沒有價值。」我們要讓自己的人生更有價值，就應當時時不忘一件事：征服自己。

6. 透過潛意識——點點地培養信心

自信心的確是影響事情成敗的重要因素。倘若我們猶疑了、對自己喪失信心了，那就將失去機遇、失去成功、失去幸福。

自信心這麼重要，怎樣培養我們的自信心呢？

贏得機遇必須首先樹立信心，樹立信心的前提就是戰勝自卑。不少人有著強烈

的自卑心理，如果不及時克服治療，或許會讓他的一生都黯然無光。心理學家認為，

自卑感是一種自己想像中的缺陷所致，以為自己沒有希望。其實，想像中沒有希望

（可能實際上不存在）不是多餘的嗎？自卑感顯然是想像中的東西，然而會產生實

際上的自信喪失、不安、恐怖、悲觀等病狀。

要想知道自己的自信有沒有穩固的基礎，回答下列題目，便能判斷自己的自信

強度：

（1）你會把過錯轉嫁給別人嗎？

（2）在家裡或公司，你會向別人咆哮嗎？

（3）在別人面前，會不會老擔心著別人對你有看法？

（4）是不是常有「今不如昔」的感覺？

（5）與陌生人見面會不會膽怯？

（6）工作如果遇到新事情，會不會心慌？

（7）失業可怕嗎？

（8）害怕找新職業嗎？

（9）每當上司找你談話時，你會忸怩不安嗎？

九道題中，如果有一個「是」或類似肯定的答案，那便是危險的信號。

76

第一，戰勝自卑的途徑在於分析自卑心理。比如，確定你的問題屬於以上九道題中的哪一種，然後溯本窮源，追根究柢，排除心理障礙。

第二，正確評估自己的才能與特殊技能。不妨把自己的價值寫在紙上，一五一十客觀地分析、把握自己的能力。不妨把自己的價值寫在紙上，等。如此一寫，我們必定發現自己原來頗有能力，比起同齡人要優越得多。

第三，不要對自己太寬容。自己的問題，必須認認真真、堂堂正正地正面解決。如果害怕在大眾面前說話，就應找機會在大眾面前說話。如果你覺得應該讓上司加薪，就不應遲延、立刻要求。也許結果不是同意便是沒有消息，但無論如何總比悶在心裡好得多。

第四，向工作邁進。與其害心病，不如立刻行動。我們將因完成了一個又一個工作而逐步建立信心。有了自信心，不但可得到物質的報酬，還能獲得人家的賞識與讚揚。這是一種連鎖反應。自信幫助我們完成工作，工作的完成又讓我們更加自信。這種連鎖反應又成了向成功邁進的催化劑，我們將擔當更大的責任，走上更重要的職位。

第五，踩在名人和巨人的肩膀上。《科學史》一書作者沙玉彥說過：「研究科學必須破除成見，絕不能因為這是古人已說過的就很相信。尤其是對於那些名人的

言論，更不能因為他名氣很大的緣故，就無論哪樣都是正確的。」牛頓認為：光是由一道直線運動的粒子組成的，即所謂光的「微粒說」。也許是由於牛頓的巨大權威，十八世紀的光學研究沒有任何重要進展。一八〇一年，一個勇敢的物理學家湯瑪斯·楊站了出來。他說：「儘管我仰慕牛頓的大名，但我並不因此非得認為他是百無一失的。我遺憾地看到他也會出錯，而他的權威也許有時甚至阻礙了科學的進步。」正由於湯瑪斯·楊沒有被牛頓的權威所嚇倒，敢於創新，所以在發展光的「波動說」方面有著重大的貢獻。這難道不能給我們一點啟示嗎？

有了健康的心理狀態，有了充分的自信心，就意味著我們有了捕捉機遇這條魚的堅實的網，有網不怕沒有魚。

第四章
用潛意識養成良好的性格

1. 人人並非完美無缺，潛意識可以彌補它

生活中經常出現這樣的情況，如果家裡有一個人得了感冒的話，其他人也很快會被傳染上。事實上，這種情況是人自己造成的，因為出於擔心的緣故，每個人都會說「但願我別被傳染上」，或者是「我們小孩子得了感冒，我和丈夫就等著看看什麼時候我們也開始擤鼻涕吧。」

其實，這兩段話都包含著兩層意思，一是已經算到自己要被傳染，二是不希望避免這種事情。這種不積極的心態，勢必會將錯誤的信號傳遞給潛意識，即使身體內有對感冒病毒的抵抗力，也早就被恐懼和擔心趕得無影無蹤了。

我們大多數人肯定有這樣的經歷：在感冒前總是頸部先疼，然後是傷風，接著就咳嗽。若早上起床時頸部痛的話，就去藥店把治療傷風和咳嗽的藥一道買來，因為不想多跑一趟。這就是我們給潛意識下了一道命令：要準備傷風和咳嗽啦！

一位企業主對他的一個朋友說：「我感到驕傲的是：我雇用的是絕對忠誠的員工。沒有一個人的工作時間低於五年，我已經記不得上次解雇員工是在什麼時候了。」交談中，他又說道：「我知道這跟我的員工沒有關係，這完全在我自己。」

他的朋友很想知道這是為什麼，就讓企業主解釋一下其中的祕密。「事業一開始，我就養成了一個好習慣：每天早上刮完鬍子，我就在潛意識中祝福自己和公司這一天順利、成功。」朋友想了解得更清楚一些，企業主就小聲地告訴他的朋友那些特別的肯定語句。朋友在一旁偷偷地笑，看樣子企業主的自信心還不夠強，還不敢把它們大聲地說出來。企業主開始小聲地說：「我承認今天對自己、對公司、對全體員工只有成功的消息。我的生意、生意夥伴是誠實可靠、值得信任的。我的周圍只有誠實、忠心的人，其他東西無法進入我的房子，事情就是這樣。」

他說的這一切，於是直接告訴他，這段話引自墨菲博士的書。他聽完眼睛為之一亮。他想知道朋友是否讀過墨菲的書，沒想到，朋友告訴了他從墨菲的書中得到許多積極人生思想方面的感悟，而這也正是他這麼多年來一直堅持的，他的成功有一半正是來自此處。

2. 潛意識是最明確的訴說表達

我們知道，透過顯意識可以讓自己持續地關注事物，發揮吸引力的作用，而潛

意識則是顯意識的儲存庫。透過下面小孩學鋼琴的例子，我們就可以知道顯意識和潛意識的關係。鋼琴老師會教小孩以什麼樣的指法敲擊琴鍵。起初，小孩不知道怎麼才能控制自己的手指，但是經過長年累月、全神貫注地練習，他能敲出正確的音符，這些都處在顯意識狀態下。可是，如果在小孩子練習的過程中，老師或父母能夠不斷向小孩子灌輸熟練掌握技能的願望，小孩子就會在潛意識的支配下，更快、更加輕鬆地完成對這些音符的把握。這就是潛意識發揮出來的吸引力和導向作用。

二十世紀發生在匈牙利的一件事也證明了潛意識的這種力量。一個男人被誤關進冷藏車裡，等第二天早上打開冷藏車，發現這個男人已經死了。但在調查過程中發現一件非常奇怪的事：冷藏車的冷凍機是關著的，裡面的溫度為十度左右，而他身上卻具備所有因為過冷而死的症狀。後來，經過心理學專家分析，這個人的身上之所以會出現如此奇怪的現象，就是因為他的「想像力」實在是太「豐富」了。他認為自己被關在了冷藏車裡，肯定是會被凍死的，於是他的潛意識就在這種想當然的暗示和支撐下發揮作用，最後真的把自己凍「死」了。

這個例子說明，我們的大腦中想像什麼，潛意識就會吸引什麼，並且會讓身體

82

3. 在任何時候都要保持冷靜

有意識地觀察自己，會發現有許多東西總在不斷地把對精神法則和潛意識的堅

作出反應。這個男人就是用潛意識「殺死」了自己。他思想中的潛意識認為自己被凍死了，於是就放棄了呼吸、心跳、脈搏等一切生命生存所必須的活動，儘管顯意識中人是怕死的，但最終潛意識發揮了作用，「殺死」了自己。

可見，如果我們不斷地重複暗示自己的某種想法，潛意識就會幫助我們實現某種想法。當然，這種想法既包括積極的想法，也包括消極的想法，關鍵就在於我們自己。所以，從積極的角度來說，加強自己與潛意識的聯繫能有效地推動我們的目標的達成。每天只需要花費幾分鐘便可與潛意識保持聯繫，借助於語言和畫面向它輸入有關幸福、健康、財富和成功的思想。若每天向潛意識灌輸保護和不受傷害的念頭，基本上就不會成為事故或者重病的犧牲品，但前提條件是要像前面所說的積極去生活，而不用其他事物，諸如謊言、欺騙、仇恨、嫉妒等消極思想去毒害內心的力量。

定信念借給你。記住，是「借」而不是「給予」，因為我們必須不斷地去爭取到一度獲得的東西，方法是透過想像，把積極的思想與消極的大眾意識劃分開來。在這個世界上，恐懼及其引發的後果，如疾病、戰爭、事故等是最糟糕的事情。自然的老化過程和健康損失原本沒有一點關係，造成損失的是人在生活中一點一滴累積起來的恐懼心理，它使得身體越來越虛弱，從三十歲或者四十歲開始，各種大大小小的疾病就開始纏身了。不知道什麼時候酒杯滿了，可就是那一滴，使酒最後從杯子裡溢出來。由於我們恰好受著身體的導向，加上對身體和精神間的聯繫知之甚少，所以根本沒有意識到這些事情。

隨著年齡的增大，累積的精神垃圾也就越多，正是這些精神垃圾不斷地在侵蝕我們的健康，因為不和諧的思想永遠不可能在身體中創造和諧，這就和連日的雨水不會使麥田乾枯的道理一樣。從早晨起床到晚上入睡，我們將要面對的是什麼？不管是聽收音機、看電視、讀報紙或者看雜誌，不管你是在與同事交談還是在思考未來，百分之五十以上面對的是恐懼與擔憂，它們是由戰爭、謀殺、綁架、破產、饑餓、罷工、失業及各式各樣的疾病引起的。這種有意識的恐懼念頭就好比是一滴不和諧的酒，正掉進我們的生活酒杯裡。只要積極地採取措施，依靠和諧的思想扭轉這一狀況，我們就會獲得新生。

恐懼，是人類最大的敵人，給我們帶來失敗、疾病及惡劣的人際關係。恐懼是一種腦海裡的念頭，恰恰是這種念頭，抑制了我們的自信，使我們無法享受到人類的諸多美好情感。有一個孩子被告知他的床下藏著一個大妖怪，如果他不聽話，就可能被妖怪擄走。孩子驚恐萬狀，遲遲不敢入睡。父親沒有辦法，只好打開燈，讓他親自到床下察看。當他確認並無妖怪存在時，才放心進入夢鄉。因此，恐懼只是來自這個孩子腦中的某種念頭，他相信妖怪是存在於床下的。當這種錯誤的念頭被除去之後，他的恐懼感也就不復存在了。大部分的情況恐懼其實往往出自己之念，而並非客觀存在。為了自造的恐懼的「幻象」所累，實在是人生的一大悲劇。

如果我們是地道的旱鴨子，不但不會游泳，而且一下水就會心慌不已，那首先應該在大腦中與自己的恐懼進行一番較量。我們可以在一把椅子上坐下，閉上眼睛，想像自己正在游泳的情景。事實上，我們是在大腦裡「游泳」，這是一種主觀性的心靈體驗。我們已經跳入「水」中，感受著水的冰涼及手腳的活動。這些，都將進入我們的潛意識當中。我們應該不斷地進行這樣的想像。有一天，等我們真正跳入水中的時候，就會發現，先前的恐懼感已經消失了大半，甚至無影無蹤。這樣，我們學習游泳技術的時候，就會得心應手、順暢自如了。

我們還是舉個例子說明吧！

卡爾是一位有名的高級官員。他遇事不亂的平和心態讓同事們很欣賞，因此，他在同事中贏得了很好的口碑。對於來自媒體和反對黨的攻擊，他一貫泰然處之，照舊執行黨的執政方針。據說，他每天早晨起來，都要在椅子上靜坐一刻鐘，讓大腦完全陷入平靜的海洋之中。他說：「這樣一來，我可以喚起潛意識巨大的力量，去對付來自外界各方面的壓力與恐懼。」有一次，一個同事在大半夜裡打來電話，說有一小群人正密謀要打垮他。他的回答竟然是：「我現在正睡得很香，這件事還是等明天上班時間再談吧。」卡爾相信，只要他在情感上對各種壓力不以為意，就能以一顆平常心去處理問題。對於來自外界的任何足以讓人恐慌的消息，在他身上都發揮不了任何作用，因為他可以完全不理會它們。因此，他不會感到恐懼，也不會輕易受到任何心理上的傷害。

恐懼損害人的身體生理機能，它能改變人體各部分的化學組織，足可以縮短人的生命。世界上不知有多少人是因為恐懼而喪命的。對於正在進行中的事業，如果害怕它會失敗，那麼我們很可能變得戰戰兢兢、不堪重負。其實，我們應當想像自己堅強有力，相信自己的魄力及以往的經驗，只有這樣，你才能成為事業的成功者。

那麼，如何戰勝恐懼呢？不為過去的事情掙扎，是戰勝恐懼的基本前提。

有個患恐懼症的人，在商業座談會或其他正式場合都會顯得焦急不安。其實，「眾人」在他心理上不過是所面臨過的環境的代表。在上小學時，有一次，他不小心尿濕褲子。在全班同學面前，嚴厲的老師讓他站起來，並且說了許多羞辱他的話。他簡直想找個地洞鑽進去，他的臉通紅，頭根本抬不起來。很明顯，眾人從此成了他過去經歷的反映對象，它彷彿代表了過去的整個情況。因此，經過心理醫生的治療，當這位患者後來看清了自己已經不是當年那個十歲的孩子，它面對的「眾人」也不是他小學的班級，不是那麼嚴厲的老師時，他的恐懼和焦慮也就消失了。

　　我們的潛意識和各種精神機能，在絲毫不受限制的時候才能發揮最高的能力。但往往會不清楚、不敏捷、不合邏輯，大腦陷於憂慮與恐懼的頭腦盡管仍在思想，的思考力自然也大幅度下降。仔細觀察就會知道，許多年僅三十歲的女士臉部就出現了皺紋。這是她們操勞過度的標誌或者是遭遇到重大挫折而導致的嗎？答案是否定的。其實，這是她們未老先衰，往往是由於她們多愁善感及長時間的恐懼和憂慮所致。

4. 用潛意識來戰勝自己的孤獨感

現代社會，人們總是感覺到孤獨，高高的樓房、緊閉的鐵門隔斷了人與人之間的關係，而工作中的相互競爭也使同事間的關係變得冷漠。孤獨成了多數人心中最大的苦惱之一。人生活在自然界當中，就必然遵從自然規律，世界所有的部分是相互聯繫、相互支撐的，任何人也不可能脫離人類世界而生存。我們的孤獨，正是因為意識到「自我」、意識到自己的軟弱無力及生存的侷限。我們無法擺脫生存的兩重性：作為人類的一員，不可能擺脫精神的糾纏，儘管我們很想擺脫；也不可能擺脫軀體的束縛，只要我們活著——軀體使我們渴望生活。

愛，是治療孤獨的良藥。潛意識思維對於「愛」，有一種本能的需要。它排斥恐懼、憤恨、沮喪等消極性情。如果硬要把這些情緒「強塞」給它，那麼，除了容易導致程度不同的心理疾病或精神疾病外，潛意識這種創造性機制不會讓我們再有別的選擇。

從小到大，我們慢慢學會一日三餐、待人接物，學會使用筷子、勺子；學會穿衣服、戴帽子，說母語；學會吃牛肉、雞肉，而不吃老鼠肉；習慣保持清潔，為地位而競爭，對金錢朝思暮想。然而，所有這些強大的習慣在受到挫折時，也許可以

沒有任何刻骨銘心的痛苦，甚至間或還有積極的結果。在某種情況下，輕輕地舒一口氣，我們可以把它們拋到腦後。但是對於愛、溫暖、安全、受到尊重，卻絕不可如此，因為對於它們，我們的潛意識思維無限地依賴。科學研究發現，當安全、愛及尊重得到滿足時，人的孤獨感就會大大降低，機體功能也就發揮得更好，感覺更為敏銳，潛意識的運用更為充分，使思維產生正確結論，更為有效地消化食物、更少患病等。

對於孤獨，我們還要有另一層詮釋。孤獨就是避開喧囂的城市獨自生活，從單調、繁忙日復一日的生活中解脫出來。一個人自我更新的重要步驟，往往就是先將自己「孤立」起來，全神貫注在自己身上，逃避外界的紛擾。透過自我發現所獲得的了解，和透過別人所得到的了解大不相同。不論從別人那裡得到的自我認知多麼的正確，人只有從自己身上才能真正了解自我的意義和價值，這種了解是真誠無私的。事實上，別人的愛與了解，有時甚至是一種束縛，會妨礙人的成長。有時候，我們必須暫時放棄與其他人的關係，因為任何人際關係都有限制性的功能。而一個人的自我成長，往往需要擺脫責任和束縛，擁有某種孤獨的體驗。也唯有獨自探索，才能了解藝術、音樂、詩歌的本質，欣賞山川樹木的美及其價值。

進一步地說，由本身感覺所肯定的嗜好和興趣，與其他人引發的嗜好和興趣大

不相同。由自我獲得的知識及由孤獨產生的感覺，是無法用其他東西取代的。自我探索是獨一無二的歷程，對自我成長的貢獻也是無可替代的。我們無法透過別人的論斷了解自己，同樣，除非走入別人的生活，直接體會別人的感覺，否則無法了解別人。換句話說，我們必須仔細去看、去聽、去體會別人的感受，才能夠了解這個世界的一切。通常意義上所謂的「真誠」，並不是把自己的一切都告訴別人，而是以本來的面目與人溝通，不要把自己包裝起來，不虛偽、不諂媚，平等地分享彼此的存在。因此，兩個人之間的真誠關係，取決於彼此是否毫無保留地接受對方並尊重對方的獨立性。

綜上所述，我們一方面渴望與他人接觸，另一方面也希望擁有孤獨和秘密。這兩個因素，都是個人成長發展的途徑，也是潛意識思維的必然要求。每個人的獨特性及個人沉思與自我對話的時刻，都應該得到尊重。

5. 不要往潛意識裡灌注虛榮的欲望

一個富人舉行了一個盛大的宴會，邀請很多朋友前來赴宴。他的狗利用這個

機會，也邀請牠的狗朋友來，牠說：「我的主人舉行宴會，今夜你可以非常快樂地和我一起吃頓晚餐。」這隻被邀請的狗在約定的時間前來赴宴，牠看見那盛大的宴會，歡喜地說道：「我多麼快樂呀！我很難遇到這樣的機會，我要快樂地飽餐一頓，以便三天中不再吃東西。」這隻狗正興奮地搖著尾巴，好像要向邀請牠來的朋友表現心中的快樂。忽然，廚師看見這隻狗，便捉住牠，粗暴地把牠丟到屋外，使牠重重地摔在地上。牠跛著腿走開，憤怒地吠著。牠的聲音驚動了街上其他的狗，都走過來問牠晚宴如何，牠說道：「啊，老實說，我酒喝得太多了，現在什麼事情都記不得了。我也不知道是怎樣跑出這屋子的，你們看，我走路還不大穩呢。」

有些人喜歡運用各種門路參與權勢之家的聚會，以人家的文明和禮貌，當然不會把他轟出門外，但也不可能禮遇他或熱情地招待他，但這種人事後也會向人吹噓聚會的熱鬧和豪華以及自己所受到的歡迎。處世之道還是守本分好，何必貪想那種虛榮呢？

物質生活中的虛榮行為，主要表現為一種評比行為，其信條是「你有我也有，你沒有我也要有」，以求得周圍人的讚賞與羨慕。社會生活中的虛榮行為，主要表

現為一種自誇炫耀行為，透過吹牛、隱匿等欺騙手段來過分表現自己。例如有的人吹噓自己是某要人的親戚、朋友，有的人將自己的某些短處隱匿起來，偷樑換柱、欺世盜名。這些情況已蔓延到生活的各個方面。總之，在真實面上製造一道炫目的光環，使別人真假難辨，而虛榮者從中得到極大的心理滿足。

精神生活中的虛榮行為，主要表現為嫉妒行為。虛榮與自尊及臉面有關，自尊與臉面都是在社會活動中才能得以實現。透過社會比較，個體精神世界中逐步確立起一種自我意識，自我意識又下意識地驅使個體與他人進行比較，以獲得新的自尊感。有虛榮心的人是否定自己有短處的，於是在潛意識中超越自我，有嫉妒的衝動，因而表現出來的就是排斥、挖苦、打擊、疏遠，為難比自己強的人，在職評、級評、生活評價中弄虛作假。

虛榮心是一種為了滿足自己榮譽、社會地位的欲望，生活中每個人都或多或少地會產生這種欲望。然而，如果我們表現出來的虛榮超過了限度，那就成為一種不正常的社會情感。有虛榮心的人為了誇大自己的實際能力水準，往往採取誇張、隱匿、欺騙、評比、嫉妒甚至犯罪的手段來滿足自己的虛榮心，其危害於人於己於社會都很大。

要克服虛榮心，必須樹立正確的榮辱觀，即對榮譽、地位、得失、面子要持有

一種正確的認識和態度。人生在世界上要有一定的榮譽與地位，這是心理的需要，每個人都應十分珍惜和愛護自己及他人的榮譽與地位，但是這種追求必須與個人的社會角色及才能一致。面子不可沒有，也不能強求。如果打腫臉充胖子，過分追求榮譽、顯示自己，就會使自己的人格受到歪曲。同時也應正確看待失敗與挫折，失敗乃成功之母，必須從失敗中總結經驗，從挫折中悟出真諦，才能自信、自愛、自立、自強，從而消除虛榮心。

社會比較是人們常有的社會心理，但在社會生活中要把握好評比的尺度、方向、範圍與程度。從方向上講，要多立足於社會價值而不是個人價值的比較，如比一比個人在公司的地位、作用與貢獻，而不是只看到個人薪資收入、待遇的高低。從範圍上講，要立足於健康的而不是病態的比較，如比成績、比幹勁、比投入，而不是貪圖虛名，嫉妒他人表現自己。從程度上講，要從個人的實力上把握好比較的分寸，能力一般的就不能與能力強的相比。

從名人傳記、名人名言、現實生活中，以那些腳踏實地、不圖虛名、努力進取的革命領袖、英雄人物、社會名流、學術專家為榜樣，努力完善人格，做一個實事求是、不自以為是的人。

如果已經出現了自誇、說謊、嫉妒等行為，可以採用心理訓練的方法，糾正自

我心理上不良的虛榮行為。當病態行為即將或已出現時，個體給自己施以一定的自我懲罰，如用套在手腕上的橡皮筋彈自己，作為警示與干預作用。久而久之，虛榮行為就會逐漸消退，但這種方法需要有超人的毅力與堅定的信念才能收效。

第五章
潛意識讓我們更好地面對工作

1. 分享與奉獻是潛意識最大的源動力

談到奉獻與分享，或許有人覺得這是老生常談，而且可能認為這對自己沒有任何益處。事實上，適度的奉獻不僅是值得嘉許的人生精神，而且，這種正面能量更能賦予潛意識巨大的能量，事實上諸如樂觀、積極、友善……任何值得肯定的正面態度都能讓潛意識工作得更加有效率、更出色，或許你會說，我就是因為沒有上述這些正面的態度，才想求助於潛意識的力量。

有實驗證明：人不能同時表現兩種情緒，當你假裝並且暗示你自己你很快樂時，悲傷就得為微笑讓位。因此，若是你不那麼友善、慷慨，你首先要做的第一步就是告訴自己：不友善的、自私的我以經是過去式了，現在的我友善而樂於奉獻，我知道我會因為幫助了那個人而感到快樂，我知道我所做的一切在將來都會反饋到我身上，並且努力去想像你所想要的未來與願景，如此一來，你就會變得更加積極並且步入積極與潛意識的良性循環。

我們不妨舉個例子說明：

這是一個農夫的親身經歷，他說：「去年一月，有個人來到我家房前，說他

的汽車陷在積雪裡了。我和兒子就出去幫了他一把。於是，我們便隨便聊了起來。

他告訴我們，最近他在金斯頓開了一家商店，還說要設一個專門經銷農具的營業部。當時，我的兒子正準備找工作，正想從事這個行業。我向他說了我兒子的心願，結果他爽快地答應了。我兒子先當了一段時間的銷售員，現在，他成了農具營業部的總經理。」

這個故事看上去平淡無奇，但我們必須承認，此類運氣的根源比事件本身深刻得多。如果農夫與兒子是另外一種人，不願冒著風雪走出家門，不願幫助陌生人，那麼機緣就會從家門口溜走。在這裡，我們關心的是問題的第一步，也是招來機遇的重要一步，先想像並讓自己成為一個好人。

前任通用麵粉公司董事長哈里・布利斯曾給屬下的推銷員這樣的忠告：「忘掉你的推銷任務，一心想著你能給別人什麼服務。」他發現，人們的思想一旦專注於服務別人，就馬上可以變得更有衝動、更有力量。布利斯說：「我告訴我的推銷員，如果他們每天早晨開始工作的時候這樣想：『我今天要幫助盡可能多的人』，他們就能找到一個跟買家打交道更容易、更靈活的方法，推銷成績就會越好。誰若是盡力幫助別人，誰就會活得更愉快、更瀟是『我今天要推銷盡可能多的產品』，而不

灑，誰就進入了推銷的最高境界。」

有個旅行家名叫沙都‧遜達‧辛格。有一天，辛格和一個旅伴穿越高高的喜馬拉雅山脈的某個山口時，看見了一個躺在雪地裡的人。那個人已經奄奄一息，顯然如果再得不到救助就要被凍死了。辛格想停下來幫助那個人，但他的同伴卻說：「如果帶上這個累贅，我們自己就會送掉性命。」但辛格卻無法殘忍地丟下這個可憐的人，讓他死在冰天雪地裡。當他的旅伴獨自走開時，辛格把那個人抱起來，放在自己的背上。他使盡力氣背著這個人往前走。漸漸的，辛格的體溫使這個凍僵的人溫暖起來，他甦醒過來了。過了不久，兩個人開始並肩前進。當他們趕上辛格先前的那個旅伴時，卻發現他已經死了，是凍死的。

在這個例子中，辛格心甘情願地把自己的一切──包括生命給予另外一個人。他保存了生命，而他那個無情的同伴只顧自己，最後卻丟了性命。這個例子可以給了我們一個啟示，就是做人要有奉獻精神。奉獻、無私地付出自己的才華和力量，也意味著潛意識將使它們得到相應的回報。在科學界也同樣如此。比如，創造性的靈感之花，絕不會與獨自鑽研、不肯與人交流的人有緣。它那不受常規的本性，決

定了它只能與活躍的交流性環境結伴。

一九七九年的諾貝爾物理學獎授獎儀式上，發生了一件非常有趣的事情。該年度三位得獎者中，美國的格拉肖、溫柏格都是康乃爾大學資優班的同學。不僅如此，他們還是紐約布朗克斯高級理科中學的同班同學。這個班級僅在物理學領域就出了八個博士。事實上，布朗克斯中學的那個班級有二十來個學生，他們自發組織了一個科幻小說俱樂部，格拉肖、溫柏格、范伯特等人都是其中的成員。

在這個俱樂部中，誰想出什麼有趣的新玩意兒便會主動公開，並很快在夥伴中傳開。這種自由自在、討論和競賽式的學習氣氛，對培養他們的創造力發揮了很大的作用。

在波爾領導的「哥本哈根學派」中，諾貝爾得獎者和初出茅廬的大學生一起討論問題，他們彼此之間沒有什麼身分與地位的差別，可以互相爭論、反駁、置疑和答辯，使彼此的思想碰撞、知識相通，互相激勵、彼此促進。這種特殊的奉獻型氛圍一旦形成，將十分有利於激發人的創造精神，誘發人的靈感，使人產生群體感應和共生效應。

2. 潛意識總是在創造奇蹟

從前，有一個拳擊手，在得到冠軍前一向表現得很好，但在得到冠軍後的一次比賽中，他卻輸掉了，而且輸得很慘。他的一位明智的經理人叮囑他：「不管你是挑戰者還是衛冕者，只要能記住一件事情，就能表現得一樣出色。那就是：當你登上拳壇時，你就不再是為了爭奪衛冕冠軍而是為了爭奪寶座。你爬過拳擊場的繩欄時，寶座就擺在中央線上，而不是在你的身邊了。只有這樣，你才能做到超常發揮。」

在我們的事業當中，常常需要有「超常發揮」的臨場作戰能力。要實現「超常發揮」，首先必須做到「意識先行」，即不斷強化有關成功的潛意識，從而引導我們的潛意識自動提供幫助。另外，要充滿自信、放下包袱，就像前面所說那位拳擊手的經理人所教導的那樣。不僅不要懷疑自己的能力，還要想像目標實現後帶來的快感，這樣會增強我們的欲望和信心。還有，應當專心致志，達到忘我境界。在實現目標的過程中，高度集中注意力，盡量排除一切干擾。

需要強調的是，超常發揮的關鍵是要有輕鬆的心態。在精神鬆弛、沒有壓力的

100

情況下，潛意識才能夠創造奇蹟。比如，人們從失火的建築物裡找到出路的時間，一般比在正常情況下學會逃離現場的時間多兩三倍。過分強烈的壓力和心理動機會嚴重干擾意識性思維推理與判斷的過程，而潛意識思維也因此而被阻塞。這就需要想辦法克服這種阻塞。

比如，射擊新手在非正式射擊的情況下，可以使槍身穩固不動；而一旦使子彈上膛，瞄準靶心，準備進行實彈射擊時，槍身就會不可控制地出現晃動。這正是過強的心理壓力帶來的結果。因此，優秀的射擊教練都會建議多練習虛彈射擊，以便克服這種情況。由於不再對射擊結果發生過度擔憂，射擊新手就能透過大量的虛彈射擊練習，培養出良好的心理狀態。

不少人往往過分誇大危機帶來的後果，即便是微不足道的機遇或威脅，都被其視為生死攸關的大事。事實上，如果對危險或困難估計過高，做不出正確的判斷，就可能產生過度的「興奮感」。倘若這種「興奮感」不能透過創造性行為及時排除，就會封存於心，成為「煩躁感」。它對於我們「臨場發揮」有害無利。

所以，凡事要避免小題大做，要學會冷靜、運用理智。應當問問自己：「要是我失敗了，最壞的結果可能是什麼？」在深思熟慮、權衡得失之後，不少人為設置的壓力自然會煙消雲散，從而更有利於自己「超常發揮」。

3. 用積極的努力去創造機會

願不願意積極生活，是個人的選擇。一旦做出了積極的決定，就意味著日常生活中俯拾都是機會。每一次經驗都是全新的開始，可用不同的想法和感覺去體會。

面對生活中源源不斷的挑戰，在取得主動的地位後，便能鎮定自若地調兵遣將，決定應付的方式和態度。我們是自己的指揮官，沒有任何人能命令或以其意志驅使我們，一切主動權皆操之在我們手中。

那些擁有積極心態的人，是積極主動的，他們不僅有選擇、拒絕的能力，而且能夠擔負自己的責任、塑造自己的未來、發揮人性的光輝潛能，也只有這種人才能成為愛因斯坦、摩根和洛克菲勒等卓越的人物。而那些具有消極心態的人則是被動消極的，他們的一生碌碌無為，受消極潛意識和本能的盲目驅使，成為一個機械的而非積極主動的人，注定將一無所成。

積極的態度也會改進對自己的認識和評價。慢慢的，我們會越來越喜歡自己，並且逐漸清楚自己的目標，學會安排眼前的生活。一旦進入這樣的境界，便能獲得無限的平靜與成就感。跨過這些階段後，所處的環境和人際關係將呈現另一番風貌。這是因為關注事物的心態已經不同。從此之後，無論是對自己或其他人的交往，

由於不再抱特定的想法，也不再期待他人的回報，彼此間的互動關係將更為自然。

人的潛意識的作用是很大的。但是，如果對潛意識放任自流、不去管理，便會氾濫成災，而且會使自己的潛意識變得懶惰和消極，從而使潛能發揮不出來。事實上，潛能是沉睡在潛意識裡的，只要用行動、用信念去刺激潛意識，我們的潛能就會像泉水一樣涓涓流出。

謝利曼年輕時在公司任職，有了經濟基礎以後便向敏娜求婚，不料敏娜早已和別人訂婚。這是他一生中不能挽回的失敗。此後，他便積極從事貿易，更加努力研究語言學，為發掘特洛伊遺蹟而日夜工作。他在經商貿易中獲得大筆盈餘，業務蒸蒸日上，不久便成為著名的大富翁。但他並不因此稍有懈怠，反而更加勤奮地學習古希臘和拉丁語，為實現其少年時代的夢想全力以赴。他說：「過去致力於累積財富，以作為實現美夢的基礎。現在，金錢財富已經不成問題，目標已然近在眼前，所有的心血將不會白流。對於經商貿易，我將不再多費心力，我將把後半輩子投入使美夢成真的行動中。」

他終於成功了，特洛伊遺蹟被挖掘出土，對世界考古學有著輝煌的貢獻。謝利

曼在邁向發掘遺蹟的人生路上遭到許多人的輕視和譏笑，說他像小孩子般喜歡追求遙不可及的幻想，平白把大筆鈔票丟到臭水溝裡，簡直是個大傻瓜。但是謝利曼仍然下定決心去做，直到最後成功為止，因為他的態度是執著而積極的，這注定了最後的勝利。他有理由為自己的這份執著而驕傲。

保持樂觀的進取態度，是激發潛能、取得成功的關鍵。「好事」也可以說是「壞事」，「幸事」也可以說是「倒楣事」。到底如何看待，是取決於個人習慣和心態。

對現實抱有什麼樣的觀念，就會給我們的思想方法和行為塗上什麼色彩。

積極心態是一種對任何人、情況、環境所持的正確、誠懇、具有建設性、不違背人類權利的思想、行為或反應。積極心態允許我們擴展自己的希望，並克服所有消極心態，給我們實現自己欲望的精神力量、感情和信心。積極心態是當你面對任何挑戰時應該具備的「我能……而且我會……」的心態，是邁向成功的不可或缺的要素，也是成功理論中最重要的一項原則，我們可將這一原則運用到我們所做的任何工作上。

如果認定什麼事都很糟，我們就有可能不知不覺地給自己造成不愉快的環境。

一旦覺得厄運即將臨頭，我們就會做出一些消極行為的事，使自己的預言真的應驗。如果把內心的思想和言談都引導到奮發向上的念頭去，我們就會打開一條積極

的思路。於是，我們的行動也變得積極起來。因此，在看待事物時，應該考慮生活中既有好的一面也有壞的一面，但多強調好的方面，就會產生良好的願望與結果。

積極心態是使我們的大腦預備成功的先決條件。實際上，從一個人現在的思維模式便能預測將來成功與否。成功並不僅指純粹的成果，而指比這更難做到的功業，即如何使我們的生活過得更有意義、更有效率。面對困難，我們能自我控制、有條不紊，不認為那是不可解決的難題，而是能提出解決之道。那麼，這種心態就是積極的，就是成功的。

假如我們每天去上班都得越過一個水塘，這個水塘有些地方結了很厚的冰，在上面走路很安全；而有些地方的冰很薄，稍微不小心就會掉進冰冷的水中。

對於心態消極的人，他無論什麼時候總是集中精力考慮如何避免失敗，而不是考慮如何越過這個水塘。他們戰戰兢兢、小心翼翼地往前走，每走一步都先仔細試探冰面厚薄，輕輕地落下腳步，弄清楚冰面確實結實之後再踩下去，然後猶猶豫豫地再前進一步。這樣一步步地走，不惜一切代價地避免失敗。他們一刻不停地擔心犯錯誤，擔心掉到冰水裡面，如果不慎掉進水中就痛罵自己。

對於心態積極的人，他在沒到水塘之前就會先研究有關冰層的問題，找遇到過類似情況有經驗的人討論，閱讀所有關於這個問題的資料。真正開始過水塘的時

候，集中精力考慮要解決的問題，是怎麼樣走過去，而非幻想掉進冰水的可能性。因為失敗的可能性非常大，他們會穿上一套不怕落水的衣服。他們不為掉進冰水裡擔憂，心裡確信自己隨時可能落水，因為在生活中不管走到哪裡都會有冰層很薄的地方。他們不停地走，真正掉到冰水裡的時候，趕快爬上來，接著往前走，絕不動搖。

成功者不管面臨著什麼樣的水塘，總是著眼於他的最終目的。他努力應付挑戰和克服困難，以便達到他的目標。如果成功者作了一個輕率的決定或者估計錯了形勢，他就這樣使自己定下心來：「我盡了自己最大的力量了。」然後，他做一些有建設性的事情，很快又行動起來去追求他的目標。他知道兩點之間直線是最短的距離，所以一心一意考慮如何盡可能直接和盡快地到達目的地。他努力不去浪費精力和氣力。不管什麼時候，只要有可能，他就尋找捷徑和節省時間的辦法。

如果我們對積極心態的力量持一種否定與排斥的想法，那說明一點，我們並不完全真正了解積極心態力量的本質。一個積極心態的人並不會否認消極因素的存在，只是不讓自己沉溺其中。積極心態要求我們在生活的每件事中學會積極思考。

積極思考是一種思維模式，它使我們在面臨惡劣的情形時仍然能夠尋求最好的、最有利的結果。換句話說，在追求某種目標時，即使舉步維艱，仍然有所指望。

事實也證明，當我們往好的一面看時，便有可能獲得成功。積極思想是一種深

思熟慮的過程，也是一種主動的選擇。

4.潛意識也是導致人們拖延的因素

全力投入到我們的事業中去。假如它值得我們去做，它也就值得我們去研究。假如不清楚某些具體情況，就多加觀察、收集更多資料，這也可以當做一種準備工作。它會給我們一股力量去開始工作。我們對自己的工作知道得越多，就越有興趣。

大家或許知道，做事拖拉是一個毛病。如果我們是經理，必定不會喜歡做事拖拉的下屬。然而，我們許多人自覺不自覺地形成了這樣的習慣，染上了這樣的毛病。

或許我們每個人都有一種不良的習慣——拖延時間，這種現象我們不時遇見，以至於看見或發生在自己身上時都不以為然了。

然而，拖延時間卻是一種極其有害的惡習。魯迅先生說過：「耽誤他人的時間，等於謀財害命。」那麼，大家是否經常拖延時間呢，還是已經討厭這種毛病，並希望在生活中改變它呢。但是，我們總是沒有將自己的願望付諸實際的行動，有了具體的想法而沒有實施，這又是一種拖拉。也許其中確實存有某種原因。

我們每個人都知道，拖延時間的確是一種不健康的行為，然而卻很少有人能夠說自己從不拖延時間。這本身就是一種無可奈何。其實，生活本身就是充滿這樣的哲理，並不喜歡這樣做，恰恰又這樣做了。對大多數人來講，拖延時間不過是讓自己避免投身現實生活而採取的一種手段。

造成拖延惡習的原因有很多，其中的主要原因是缺乏信心、責任感、安全感，害怕失敗，或者無法面對一些有威脅性、艱難的事。潛意識也是導致人們拖延的因素。他們知道該做些什麼事情，但原因不明，就無法去做。有的時候是因為某些潛意識的恐懼拖住了他們行動的腳步。

停止拖延的最好時機就是現在。那麼，就讓我們現在開始改變自己！

5. 選擇做自己最感興趣的工作和事情

不管我們現在工作的待遇如何優厚、報酬如何豐厚、地位如何高不可攀，千萬不可委屈心靈的需要，違心地從事一種並不適合自己天性的職業。你應當將自由、自立的精神作為神聖不可侵犯的擇業權利。同樣，任何困難都不能使人放棄自己所

熱愛的職業。在我們服務於一種職業時，應該想到，那是自己的理想，我們時刻在為自己而工作。薪水的數目對大家來說，當然希望多多益善，但應該記住：選擇職業時，不應當以報酬的多少、名利的厚薄作為唯一標準，應當選擇最能鍛鍊人格、發揮才能的工作為終身職業。毫不誇張地說，這種工作的本身，比名利更為偉大，比名利更為崇高。

我們應該選擇一種適合於個人發展的職業，一種能夠使自己不斷進步的職業，一種前途無量的職業，一種可以學到必要的人生技能的職業。在可能的情況下，我們應該拋棄那種有損健康並需要夜以繼日、經常不休息的職業，盡可能從事與我們的潛能相配的工作。一切與天性無關的工作，大可不必去嘗試。實際上，許多人對於工作懷有錯誤的想法。他們把工作看成是取得麵包、衣服、居室的無奈的「需要」，一種不得已而為之的苦役。他們從不把工作當做開發潛意識、鍛鍊個人能力的一種手段，也不認為這是一所訓練與造就良好品格的學校。他們不懂得，只有內心的「需要」驅使自己工作時，才能驅使自己發展身上最為優良的品格，讓自己在奮鬥與努力中發揮出所有才能，克服一切阻礙成功與幸福的因素。

當然，從另一方面說，任何工作，只要對它有絕對的尊崇，它就具有至高無上的神聖意義。對於其本身而言，凡是有利於人類的工作，沒有一件是卑賤和低下的。

不管怎樣，我們必須熱愛自己的工作。只有這樣，才能使潛意識成為我們最得力的助手。否則，我們極有可能走完一生卻一事無成。同時，為了完成每一項工作，我們必須設定某種難以踰越的「界限」。這樣，由於是在刻板的時間壓力下工作，反而會使潛意識產生某種特定的「腎上腺素」，從而達到事半功倍的效果。同時，也要避免時間「失控」的情形，確立起有迴旋餘地的現實性「界限」。換句話說，對工作的安排，最好是留出一點兒能夠提前完成它的時間。

另外，當我們從事某種職業時，我們就獲得了深入職業本身及接觸他人的機會。可以用我們的耳目，盡量吸取關於職業的全部知識。首先，應該盡量選擇最適合自己的工作環境，然後竭盡全力，把工作做到盡善盡美，以期達到預期的人生目標。我們所選擇的工作環境，必須適合自己的性格、才智和體力。如果發現工作的確與自己的心靈相去甚遠，那完全可以以及時考慮「跳槽」。一般人往往存有一種並不正確的觀念，以為從小就對某事具有某種興趣，所以長大之後，從事這方面的職業就一定最為適合。其實並不見得。有許多人，一直要到中年時，才能確定自己究竟應該走哪一條路，因為在那個時候，他們的知識和技能才算比較定型，而且對工作具有相當的經驗和體會。因此，如果要決定自己一生的事業，請記住唯一的定律：「你所要從事的事業，必須比其他任何事業更能夠讓你勝任。」

大家都知道著名科學家愛因斯坦，正是對於職業的無比熱愛與追求，使他形成了許多優秀的品格：勤奮的精神、堅韌不拔的毅力、攀登科學高峰的志氣、忘我的科研態度。這一切都成為他獲得成功的有利條件。

愛因斯坦上大學的時候生活貧困，只能勒緊褲腰帶生活，卻把全部精力花在學習上。大學畢業後，他好不容易在一家專利局當上了一個僅有五百瑞士法郎年薪的低級職員。在貧困的生活和惡劣的生活環境下，他仍然堅持不懈地從事學習和研究工作。他一方面研究送到專利局的各種發明創造專利，一方面利用業餘時間看大量書籍，思考問題，進行物理理論的研究。他常常是用半天時間完成一天的工作，然後偷偷拿出小紙片來演算物理學方面的題目。二十五歲時，他就做了父親，家庭的重負壓在他的肩頭，但他始終沒有終止他所悉心致力的科學事業，因為他對於這一事業懷有無限高尚的熱情。一次，一位朋友到他家做客，看見他一手搖著搖籃，一手夾著一根劣質雪茄，桌上打開書本，正聚精會神地讀著。剛點燃的爐子在屋裡冒著嗆人的濃煙，加上刺鼻的雪茄菸味、晾著的小孩尿布的臊味，混合成窮人家特有的味道，使人感到一分鐘也難以待下去。客人問他怎麼受得了這樣的環境，他笑著說：「我

必須忍受！」皇天不負有心人，經過整整十年的時間，愛因斯坦不僅建立了相對論理論體系，而且推廣了相對論原理。在他的一生中，他在物理學的許多領域都有著非凡的成就。

總之，我們所從事的事業，必須適合自己的才華、體格和智力；同時，它還必須符合自己的個性，使我們感覺愉快、永不抱怨。如果現在已然選定了這樣的職業，那就不必遲疑，盡可放心，大膽著手去做。只有這樣，我們才會明顯的感到，自己做起事來精神飽滿、信心十足，絕不會懷疑自己走錯了方向。我們將因此神清氣爽，也會為周圍的人帶來快樂的氣息。

綜觀世界文壇曾經有許多著名作家，如巴爾札克、卡夫卡、史蒂文森等在大學時期，都曾迫於父母之命而學習法律。因為，在他們的父母看來，這樣的專業才實用，能夠為他們帶來豐厚的物質回報和崇高的社會地位。但是由於個性、天分與內心需求的原因，這些作家對法律絲毫不感興趣，始終堅持繼續文學創作，因為只有寫作是他們真正的興趣所在。在他們的潛意識中，蘊藏著某種「文學情感」的強大因素，這使他們最終放棄父母的願望而選擇自己熱愛的事業，並最終獲得了成功。

第六章
潛意識讓我們生活更加積極

1. 對生活要有一顆奔騰的心

拿破崙‧希爾曾經說：「如果你有一顆熱情的心，那麼毫無疑問，現實將會給你帶來奇蹟。」

在人的一生當中，有許許多多成功的機會，使我們可以發揮自己的一切潛力。

而內心中是否始終充滿熱情，往往成為成功者與失敗者之間的分水嶺，那些意氣風發的成功人士，必定都具有熱情的品質。熱情，一方面是一種自發的素質，能使我們始終保持自身的活力與鬥志，同時又是一種珍貴的能源，能幫助我們集中全身力量，投身於某一事業或工作，並獲得大量的驅動力。

有一個小學生，在班裡，學習成績一般；在老師眼中，他是個學習成績不好的學生，也沒有什麼特長，因此對他很少理睬。因為他的少言寡語，同學們也認為他不是個適合當朋友的人。後來，因為搬家的原因，他來到了一個新的學校，進入了一個新的班級。當他第一次走上講台，聽老師向同學們介紹他時，台下的同學們為他的到來發出了熱情的掌聲。下課時，同學們邀請他一起遊戲；放學時，同學們對他很熱情也很關心，老師和同學主動要求給他補習前面中斷的課程。

114

同路的同學邀他一起回家。在這個班，他不再是不受人關注的對象。從此，他的學習成績有了很大進步，而且積極參加學校的各種文藝活動。他發現原來自己的演講水準很好，就參加了學校的演講比賽還獲了獎。是同學們的熱情激發了他的力量，使他「脫胎換骨」。

在你的身邊，有的人積極、開朗、樂觀，而有的人卻總是心態憂鬱，乃至或多或少有自卑感。後者常常低估自己，對前途失去信心、缺少熱情。其實，每個人都應該相信自己的體魄、精力與耐力，相信自己具有極大的潛在力量。

南非著名企業家阿爾夫・麥克伊凡，從第一天開始做推銷員起，就對客戶非常熱情，和各式各樣的顧客建立良好的合作關係，即便是那些粗野、脾氣暴躁的顧客，他也知道該如何應付他們。

在阿爾夫・麥克伊凡年輕的時候，曾經負責出租起重機給建築承包商。在他的客戶中有個叫史密斯的老闆，是個非常粗魯的傢伙，對人不尊重，動不動就發脾氣。阿爾夫・麥克伊凡去史密斯的工地推銷起重機，史密斯態度很不友好，連續兩次都把他給趕了出去。但是阿爾夫並不灰心，他又來到了史密斯的工地。阿

爾夫在自己的回憶錄中這樣描述他和史密斯的第三次會面：「當時，他又在大發脾氣，站在辦公桌前向另一個年輕的推銷員大聲吼叫。史密斯先生的臉因為激動過度，紅得就像番茄一樣，而那個可憐的推銷員正站在幾尺之外，渾身抖個不停。

我當時同樣年輕，但不願意被這種景象嚇倒。我決心表現出我的熱情。我剛一走進辦公室，他就粗聲粗氣地說：『怎麼又是你，你要做什麼？』在他打算繼續說下去之前，我先展開圖紙，面帶微笑，以平靜的聲音和熱情的態度對他說：『我要將所有你要的起重機租給你。』然後，我介紹了這種產品的優點，以及它對他們公司的價值所在。他站在辦公桌後面，足足有十秒鐘沒有說話，並以有些疑惑的眼光看著我，然後說：『你坐在這裡等我一下。』他離開了。一個半小時後，他回來了，看到我，他驚訝地說：『你竟然還在這裡？』我繼續告訴他，我有更為詳細的出租計畫提供給他。因此，只有介紹完這個計畫之後我才會離開。結果，在商談之後，我們簽訂了為期一年的合約，並從此成為鞏固而長久的生意合作夥伴。我的熱情與堅持獲得了極大的回報。」

一個人應當經常反省自己，看看自己是否具有足夠的熱情。不管是對自己的親人、朋友、還是對人生、萬物、自己。如果一個人的思想總是被各種有害的病態心

116

理估據，熱情就缺乏生長和生存的土壤。要改變這種狀態，關鍵是需要自己做出切實的努力。要不斷地鼓勵自己、給自己打氣。不妨常常對自己說：「我需要幸福地度過人生的每一天，要盡全力去爭取每一次獲得快樂與激情的機會。這種機會，我過去得到過，今天和明天還將得到。我的努力必然可以換得快樂與充實。」如此這般地嘗試這種方式，使之訴諸我們的潛意識思維；那麼，它就可以給我們更多的信心與熱情，使我們充滿快意投入到工作和生活中。

每時每刻都要提醒自己，要保持熱情與活力，避免心理上出現「病態」，盡力消除一切憂鬱與自卑的情結。這對我們能否獲得成功至關重要。

2. 用樂觀與進取來正視自己的生活

每個人都應該正視自己的生活。當然，人生之舟總是要經歷風風雨雨，往往在最不幸的時候，其他的挫折和困苦卻接踵而來。毫無疑問，只要有可能，就應該盡量迴避苦難。但是，假如無法逃避，我們就應該透過自己的努力化害為利，使苦難成為生活的一種有益推動力。承受苦難使人崇高。只要擁有積極的人生目標，就有

力量去承受苦難，而不是被它壓垮、一蹶不振。迎接苦難的挑戰是我們責無旁貸的選擇。

我們從苦難中獲得人生的真意，艱苦和磨難是生活中的良師益友。無憂無慮、一帆風順的生活固然不錯，但是只有經歷過苦難的人，才能獲得完美的人生，才能逐漸走向成熟。苦難可以使潛意識的力量得到釋放，成為促進我們品格發展的強大推動力。「梅花香自苦寒來」，只有從苦難中走出來後，才能真正理解生命的意義、體會到人生的韻味。

美國二十世紀二〇年代著名的體育播音員格蘭漢姆．麥克米的事蹟足可以證明：只有有著正確的人生態度，才可以在不知不覺間獲得上天的賜福。

當時，無線電廣播事業還剛剛出現，一切都不是很成熟。麥克米正值青春年少，是一個沒有名氣的歌手，一直都找不到工作，以至於生活窘迫。但他並不因此而氣餒，相信自己能夠走出困境，每天都保持著好心情。突然有一天，他接到一個朋友的電話，勸他到紐約去碰碰運氣。來到紐約，麥克米依舊心情不錯。一天，他看到有人在一座建築物上懸掛標語，標語上只有四個沒有意義的字母而已。他很好奇，就走上前，詢問掛標語的工人這幾個字母是什麼意思。工人們說這幾

列，並有了很好的成績。

可見，擁有一個好的心態、保持樂觀進取的精神，才可能獲得人生的奇蹟。

3.一個能成就大事業的人不畏挫折

我們經常說：「逆境出人才」，的確，這句話有著廣泛的適用性。很多有成就

個字母是一家廣播電台的代碼。此時，他對廣播電台一無所知，但他認為廣播電台可能很需要一名歌手。不久後，當這個廣播電台開始招聘的時候，他就來到經理的辦公室。可惜經理說他們並不需要歌手。麥克米遭到了善意的拒絕，但是他並不急於走，而是問了一些問題，明白了廣播電台的運作機制。經理見他對這一行確實很有興趣，就走進控制室，對麥克米說：「你願不願意看看廣播電台是什麼樣的？」好運隨之而來。他們圍著電台轉了一圈，經理若有所思地說，麥克米有一副好嗓子，電台需要一個播音員，麥克米不妨試試。十分鐘後，麥克米試完了錄音。又過了十分鐘，麥克米被通知已被錄用。於是，他步入了廣播事業的行

119

的知名人士，出身都不是很富裕，正是因為貧寒的家境造就了他們不屈不撓的性格和堅強的意志，使他們最終獲得成功。

經濟的窘迫、事業的慘澹、生活的艱辛，這是每個人都不願意面對的。但是，這樣的不幸，很可能成為一個人在品格和稟賦上實現飛躍的機遇。沒有在逆境中的奮鬥與磨練，就很難使自己獲得更大的長進，也難以使自己的生命煥發輝煌。從苦難中走出的人們，會更加成熟、更加自立，也更容易走上成功的道路。這樣，當面對以後的挫折和苦難的時候，我們才能更容易挺過去。

一百多年以前，薩爾托·莫斯博士率先研究了潛意識力量存在的基本原因。他說：「面對逆境，人的心理可能出現某種『斷層』或『脫節』效應。只有當物體處在脫節的狀態中時，預感才會出現，潛意識本能的力量才會釋放……無論直覺還是預感，都是下意識或潛意識的產物。」

其實厄運、貧窮本身並不可怕，可怕的是貧窮的思想，即自認為貧窮是命中注定的。這樣的思想，只能使人在現實中以貧窮的信念虛度一生。在感覺到「前無去路，後有追兵」、一切外援都已無望的時候，我們才能發掘出自身全部的潛在力量。

正所謂「置之死地而後生」。在別人停止前進的時候，我們仍然堅持；在別人因失望而放棄時，我們仍然前行。那麼，一定可以走出貧困之境，向世人昭示我們勇毅

的品格和風采。

有個年輕人，因為家境貧寒而中途輟學。他記得家境富裕的同學時常嘲笑他破爛的褲子、露了腳趾的襪子和帶補丁的上衣。他被這種嘲笑深深刺痛，立誓不但要把自己從貧窮中解脫出來，並且要刻苦學習，使自己日後成為一個有價值的人。後來，這個青年果然達到了驚人的成就，成了一位出色的政治家。他承認，在學生時代所遭遇的貧窮的煎熬、聚集於身上的各種嘲笑，是鞭笞他奮發向上的強大動力，因為他的潛意識能量受到了激發，不甘居於人下，並由此產生了巨大的奇蹟。

遭遇心理刺激而沒有氣餒，反而立志圖強，可以喚醒我們極大的潛能。事實上，不經歷這種奮鬥，許多人都難以發現真正的「自我」，也難有所作為。

據說，有一位法國著名學者，從小就因折斷手足而殘廢，但他卻在學術領域成就斐然。一位慕名而來的客人對他既欽佩又好奇，想知道他到底如何料理自己的生活。當他見到這位學者時，學者那優雅的風度、美妙而充滿哲理的語言，不

禁讓客人嘆服，甚至一度忘記自己面前的這個學者其實是個身患重度殘疾的人。

一個能成就大事業的人，是能夠不畏挫折，滿懷希望和自信的人。他會矢志進取，一心為成功而奮鬥。面對個人事業，只要他做出決定，就不會畏首畏尾，一切困難和艱苦均勇於承擔。他會盡全力排除一切阻撓、障礙，從不自怨自艾、半途而廢。相比之下，有些人卻存有這樣的想法，以為任何人都逃不出命運的掌握，所以不思進取，只等命運作弄。這樣的念頭實在要不得。

人生就如同一幅沒有盡頭的畫卷，有的人在上面盡情書寫、描繪，向世人展示了一幅最美、最長的畫，而有的人則草草畫上幾筆，就戛然而止。敢於不斷地展示自己、開啟畫卷的人，就是一個自信的人。一個人的自信心有多強，能力就有多大。

有這樣一個人，發誓要尋找到一塊法力無邊的魔石，於是，跋山涉水、餐風露宿。年復一年，他走過很多村莊和城市，問過許許多多的人，但仍然沒有找到那塊奇特的魔石。他太累了，一天，疲倦的他終於受不了了，不知不覺中就在一口井旁睡著了。他睡得很甜，多少天來，他已經好久沒有睡得這麼香甜了。在睡夢中，他見到了那塊魔石，並牢牢把他抓住，藏在了自己心中。睡夢中，他的臉

上露出了喜悅的神色。夢醒後，他便真的以為魔石已經為自己所有了，於是，他不再疲倦、不再自卑，對一切都充滿了信心，因為他相信，魔石已經成為他心靈不可分割的一部分。從此以後，他每次遇到困難，總是能夠想出辦法努力克服。

其實，每個人心中都藏著一塊法力無邊的魔石，那就是自信。

心理諮詢大師大衛‧史華茲年少的時候，最喜歡和母親一起到鎮中心去兜風。母親常常會說：「大衛，我們坐下休息一會，看看路上的行人吧！」他的母親是個出色的「觀察家」，她指著那個神情恍惚、走路很慢的人說：「你看那個人，是不是受到了什麼困擾？」然後，她又指著那邊幾個嘻嘻哈哈的婦女說：「你猜猜看，那幾個婦女要去做什麼呢？」史華茲被母親所感染，他發現觀察人們走路其實是一件非常有趣的事情，因為可以從人們走路的姿態、神情看出那個人的心態和目的。在他看來，從別人走路的姿態中，就可以感受到他們的精神狀態和內心情緒，可以發現他們是否有自信的力量。

許多心理學家將一個人懶散、緩慢的步伐同他對自己、工作、別人的不愉快的

感受聯繫在一起。但是，心理學家同時也告訴我們，借助於改變行走的姿態與速度，可以改變自己的心理狀態。如果仔細觀察就會發現，身體的動作是潛意識活動的影子。那些遭受打擊、被生活拒絕的人，走起路來通常拖拖拉拉、沒有自信心。普通人有普通人走路的模樣，他們作出的是「我並不怎麼以自己為榮」的表白。另一種人則表現出超凡的信心，走起路來比一般人快，給人以步履矯健之感。他們的步伐是在告訴整個世界：「我要到一個重要的地方去。我準備去做一件很重要的事情。」

更重要的是，我會在短時間內成功。」

試著將走路的速度加快百分之二十五，抬頭挺胸地走，就會感到自信心在滋長。拿破崙‧希爾指出，有很多人思路敏捷、天資很高，卻無法發揮他們的長處，也不願參與各種集體討論。實際上，並不是他們不想參與，而只是因為他們缺少自信。在會議中，那些沉默寡言的人都認為：「我的意見可能沒有什麼價值，如果說出來，別人會覺得很愚蠢。因此，我最好什麼也不說。」而且，看起來別人懂得比我多，我可不想讓別人知道我那麼無知。」這樣的人常常這樣對自己說：「我還是等下一次再發言吧。」但是，等到下一次，他們又會對自己說：「唉，這次我真的說不出什麼，還是等下次吧。」這樣，他們一次一次地往後推，結果自己的信心也越來越少。所以，不要害怕被人笑話，盡量多發言，這也是培養信心的一種營養素。

4. 在潛意識裡給自己一個清晰的定位

有這麼一句話是：「要成功，一定要從改變自己開始！」我們也相信，人生經過挫折的不斷洗禮，人們才能夠克服挫折，從而改變自我、迎接成功人生。

但更重要的事情在於改變自我的過程，我們必須謹慎小心，切莫如那頭荒謬的獵犬一般，因為錯誤地改變方式，造成自己一生中最重大的挫折。審慎地評估自己、快速改變疏失之處、掌握改變的真正動力，將會是面對挫折的另一個好方法。

名畫家畢卡索曾在法國巴黎舉行個人回顧展，所有的作品依照畢卡索創作年代的先後依序排列。

從這一次的回顧展中，可以看出畢卡索畫風的轉變與沿革。他初期的畫作都是一些風景畫以及靜物的寫生；接下來的作品，可以看到風景畫上出現了一些不搭調的新顏色，而靜物寫生也不像原先那樣的風格。再向後期發展，畢卡索的作品開始展現出世人所熟知的畫風，抽象而變形的人體、充滿活力的線條及各種用色大膽的方塊圖形，形成一代大師的完美風格。

有一位畫家兼評論家的友人，在看完這次回顧展之後，對當時八十五歲高齡

125

的畢卡索質疑道：「對於你這次畫展的年代排列順序，真是令我感到不解。你初期的作品看起來是如此穩重、端莊和嚴肅，而越往後發展，越是變得不同，顯得狂放不羈、沒有規則可循。依我看，你的畫作按年代排列，應該要倒過來才對，你對於這一點，有什麼看法？」

八十五歲的畢卡索兩眼閃著光芒，頑謔地回答道：「我的看法很簡單。人一旦開始有了年紀，往往需要用很長的時間，方才能夠回歸青春！」

大師的看法的確有其引人深思之處。從孩提階段開始，我們每天期待著可以盡快成長，隨著年紀日漸增加，卻又在不經意間讓自己受到一些無謂成見的困惑影響，而讓我們只在原地打轉，無法再有任何突破和創新。

在人生當中，許多人的問題就在於對自己的定位不夠準確。在不適當的場合做不適當的事，在不適當的場合說不適當的話，或是在不清楚當下的情況，僅憑己意大放厥詞，因而導致自己陷入困境當中，或是蒙受不必要的損失。

其實，假如我們在生活當中、在自己的潛意識裡，能夠時時刻刻提醒自己、清楚地定位自我、找對自己的人生主軸，相信對我們本身以及周圍的人們，都會是一種令人愉悅的美好生活經驗。

美國歷史上唯一的一次內戰——南北戰爭，經歷無數次激烈的戰役，最後由主張廢除黑奴制度的林肯所領導的北方軍獲得勝利。

在南北戰爭中的典禮上，林肯派遣戰功彪炳的格蘭特將軍前往受降，而南方同盟則由南北戰爭中的一位名將——李將軍代表出席。代表勝利一方的格蘭特將軍提早到達受降現場，等候對方的到來。雙方約定的時間一到，李將軍準時出現在會場的門口。

格蘭特將軍望著自己一身陳舊的軍服，甚至連領口的鈕釦都未扣好。兩人相較之下，真分不出到底誰才是戰敗一方的將領。

格蘭特將軍一見到李將軍，不禁登時愣在那裡。只見李將軍一身筆挺的軍服，上衣的銅扣擦得雪亮，胸前整整齊齊地佩掛著勳章，身著燙得筆直的軍褲，穿著光亮的皮鞋走進會場內。

在完成受降典禮之後，格蘭特將軍好奇地問李將軍，為什麼要穿得如此整齊光鮮。李將軍的回答頗發人深省，他答道：「戰敗的，是我所屬的南方同盟，是由一群政客所操控的政治團體。我是軍人，雖然在戰爭中失敗，但仍需為我的軍隊負責。我不能對不起身上所穿的這套軍服所代表的意義，更不能對不起我自己，成為美國軍人所許下的誓言。」

李將軍的風範的確為後世留下一個絕佳的優良模範。在失敗的時候，當然必須加以檢討，但檢討的重點應該放在所發生的事情之上，而不是忙著檢討自己這個人身上，不能總想著自己是否有著什麼樣的問題。

等到事情的始末都檢討結束，發現問題終究還是出在自己的身上，這時才需要對自己進行深刻的反省。自我的反省，重點最好放在需要迫切改進的地方，諸如個性、習慣等，而並非一味地自憐自艾，拚命地往牛角尖裡猛鑽，使自己陷於難以掙脫的困境之中。能夠適當地檢討現狀並自我反省，這才能幫助我們正確面對人生、完善自我。

此外，安於現狀、不肯改變，也是造成人生失敗的主要原因之一。當我們一味地責怪環境瞬息萬變、難以適應，是否也靜下心來仔細想想，自己的腳步有沒有變得更加遲緩？是否受困於自己所熟悉的領域，再沒有突破現狀的勇氣？過去或許可以認為，只要抓住一次曾經成功的經驗，不斷重複去做，就能獲得最後的成功。但在科技突飛猛進的新時代裡，過去成功的經驗，卻極可能成為今日失敗的沉重包袱。這樣的觀念轉變，讓許多習慣安於現狀的人們不得不警覺。

勇於突破自我的思考習慣，不讓自己停留在溫暖而具有危險性的現狀中，讓自我更健全、更有影響力和競爭力，如此才能真正地自己拯救自己，完成人生的大業。

讓自己的思緒回歸年輕時期，重新變得柔軟而具有彈性；讓心弦不再那麼緊繃，試著放鬆對自我苛刻的要求。或許在年輕而放鬆的心境中，我們可以生活得更快樂，同時也能真正地自己拯救自己。

莫要囿於己見，多聽聽周圍不同的聲音，設法接受完全和自己想法牴觸的見解，看看事物在不同的角度之下所呈現出來的不同感覺，到一個自己從未想過的地方去旅行。所有我們可能想到的創新概念，都可能是具備更超越性的規律。

突破自己固有的想法，靠自己拯救自己，用創新的眼光來看待這個世界，才是獲得成功和快樂的新視角。

有一句話說：「人貴有自知之明。」那就是既不高估自己也不低估自己。知道這一點容易，但卻非人人能夠做到。想使自己的權力更大，想到更能發揮自己才能的職位上去，想做出更大的成就……幾乎所有人都有上進心，都有改善現狀的想法。但是，正確評價自己的人，完全有能力接受自己目前所處的環境，這對於想成功的人來說是一個關鍵。

世上沒有十全十美的人，有些缺陷是與生俱來並要帶進墳墓的。這一點只要看看那些偉大的成功者就能立即明白，他們都接受了自然的本身存在的自我。

接受自我，非常重要的就是對於自我正確的評價。對自己所做的一切都要勇於

承擔責任。在名著《哈姆雷特》中，莎士比亞透過御前大臣波洛涅斯這樣說：「最重要的是忠於自己。你只要遵守這一條，剩下的就是等待黑夜與白晝的交替，萬物自然地流逝；倘若果真有必要忠於他人，也不過是不得不那樣去做。」

提高自我評價的有效方法之一，是把自己平時的優點大聲地複述給自己聽。對自己性格中的長處、出色的成績，都要給予肯定的評價，並把這些評價灌注到自己的大腦中。

這種評價帶給自己的印象越強烈，那個潛在的自我就越會被發掘出來。這種評價中的自我形象，還應隨著時代的推移不斷更新，使其總是適合我們的最高基準。

目前，科學家正在進行語言和形象對身體機能影響的研究。研究成果顯示，即使胡亂說出的話，也會對身體機能發生驚人的影響。

因此，很有必要控制自己的言語。在成功者的語言裡是不會出現輕貶自己的話語的，即使是自言自語也不會。有些人卻不然，只要情緒一低落，語言就立即變得微弱，「我嘛，本來就不行」，「天生就不成器」，「要是能有那麼個條件嘛……」，「不過……」，「那時候本應該……」云云。

成功者每天都在對自己說「我行」，「我已經準備好了」，「這次沒問題」，「比上次精神狀態好得多」。他們的自言自語，正是為了勉勵和激發自我。

130

勝者相信自己的能力，他們為自己而自豪。因為他們確信自己有價值，所以才能像愛自己一樣去愛大家。

但是也不要過高地估計自己的能力，就猶如一個胃口小的人吃下一塊大餅會撐著一樣。如果一個能力低的人做的事超出了他的能力，那麼一定會一事無成。不如做自己力所能及的事，這樣不僅會成功，而且也會提高能力、增強信心。

我們要認識自己的力量，有下面的四個方法可以參考：

（1）利用心理方法，客觀地評價我們的能力。

（2）留意周圍的人對我們的反應。

（3）用心檢視我們的過去。

（4）把自己置於新奇的環境中，然後從行為中去認識自我。

這四種方法都可以產生寶貴、新鮮、不同的認識，對認識自我大有裨益。

6. 用微笑的態度來對待人生

笑，是對待人生的積極態度。關於積極態度帶來的驚人效果，有名的著作之一，

131

就是卡爾斯所寫的那本《病理的剖析》。書中，他談到自己如何借助笑聲，從長期的病痛折磨中奇蹟般恢復了健康。大笑，是卡爾斯努力使自己生活下去並一天天好轉的方法之一。他的康復之道，是每天大部分時間都花在能讓他笑聲不斷的電影、電視、小說裡，進而明顯地改變潛意識的力量及內心的情緒，並帶來身體機能的迅速好轉。他發現，不斷地把積極性訊息透過神經系統加以傳送，生理狀態的好轉便能隨之而來。他的睡眠比以前更好，疼痛逐日減輕，最後竟完全康復。起初，醫生認為他康復的機會只有千分之二。卡爾斯對於自己的體驗，下了這樣的結論：「我已經掌握了一種『再生能力』——即使希望再渺茫，也千萬不要低估你在身心兩方面的潛力。」

人們都知道，笑能給自己很大的推動力，它是醫治信心不足的良藥。但是，仍有許多人不相信這一點，這是因為在他們心情鬱悶或恐懼時，從不試著大笑一下。

真正的笑不但能治癒自己的不良情緒，還能馬上化解別人的敵對情緒。如果能真誠地向一個人歡笑，他就無法對我們生氣。拿破崙·希爾曾講過這樣一段自己的親身經歷：「有一天，我的車停在十字路口的紅燈前。突然間，『砰』的一聲，後面那輛車撞了我的車的後保險桿。我下了車，準備痛罵他一頓。但是，很幸運，我還來不及發作，他就微笑著走過來，並以最誠摯的語調對我說：『朋友，我實在不是有

意的，不過我可以賠償你的損失。』他說：『沒關係，這種事經常發生，我會自己把它修好的。』轉眼間，彼此間可能發生的敵意變成了友善。」

我們常聽到這樣的說法：「是的，笑很重要。但是，當我害怕或憤怒時，就是笑不出來。」當然，這個時候，可能任何人都笑不出來。竅門就在於，必須強迫自己說：「我開始笑了。」然後，盡力微笑對人。

美國著名保險商瓊．白德格多次告誡人們：「有微笑的人永遠受到歡迎。」

有一個叫湯姆的人，受到這個理論的啟發，談了他的微笑經歷。他說：「我和我的太太結婚已經十年了，可是這十年中，我很少對她微笑，老是顯得悶悶不樂。因此，我和我太太的感情也不是很好，只是勉強維持。我也覺得這樣的生活很累。後來，我的一個朋友讓我試著微笑面對人生，面對生活。於是，第二天早上梳頭時，我對鏡子中滿面愁容的自己說：『你得微笑，把臉上的愁容都收起來。』接著，我轉過身來，跟我的太太打招呼：『早安，親愛的。』同時對她笑笑。她頓時愣住了。我說：『親愛的，妳不必驚慌，從今天起我要以微笑面對生活。』此後的兩個多月，每天早上醒來，我都微笑著向我太太打招呼，結果我的生活發生

了很大的改變。兩個月中，我在家庭中所得到的快樂比起過去一年中所得到的快樂還要多。我和我的妻子更加恩愛。現在，我對大樓的電梯管理員微笑，對地鐵的售票員微笑。我發現，每一個人都對我回報以微笑。我帶著這樣輕鬆愉快的心情去和一些滿腹牢騷的人交談，一面微笑一面恭聽。過去很棘手的事情，現在變得很輕鬆。毫無疑問，微笑給我帶來了許多的方便和收入。我對同行說，最近我學到了一門新哲學——微笑。從此我快樂、富有，擁有友誼和幸福，這是真正重要的。不微笑的人，在生活中將處處感到困難。」

開心地笑，不要使冰霜結在我們的臉上。東京股票交易所的一位高級行政人員佐佐木說：「對日本男人來說，笑不是一件容易的事。傳統教育使我們終日緊繃著臉，喜怒哀樂深深藏不露。」日本有許多公司甚至為職員開設了微笑學習班。角川宏先生是一家「笑臉迎人」培訓班的教師。他說：「我的大部分學生都不懂得如何微笑。你簡直難以想像，要讓他們肌肉僵硬的面部變成一副笑臉需要花費多少力氣。」這位教師曾採取一種機械的方法讓學生會微笑：咬住一根筷子，嘴角努力向上翹，

然後把筷子取下，努力保持嘴角向上的表情不動。從老闆到職員，這些公司這樣費勁地讓大家學會微笑，是為了推銷出更多的汽車、電腦、照相器材。當然，也有日本人並不認同這種可笑的做法，他們說：「為什麼日本人要把自己的臉弄得像猴子似的難看？」

是的，真正有益身心的笑，應該是發自內心的。它首先是一種樂觀開朗的生活態度，是對人對己的寬容大度，是不計較得失的坦然心胸。笑的修養也是人品的修養。當走出家門時，微笑會給我們帶來友誼和成功。

7. 永遠不要相信自己是注定要倒楣的

有人說：他們「注定要倒楣的」。從這句話中，我們會了解到，潛意識會把破壞性或負面的思考動力，轉化為實質的對應事物，正如潛意識會遵循並奉行正面或建設性的思考動力一樣。正是這種心理導致了上百萬人指稱自己經常不幸或倒楣的奇怪現象。

有達數百萬的人會自以為是注定要貧窮落魄失意的，因為他們相信有某種奇特

的力量超乎自己的掌握。他們是創造自己不幸的人，因為這一觀念的負面思想，讓潛意識接收並轉化為實質的對應事物了。

再次提醒大家，只要將成功的渴望傳輸給潛意識，並滿懷期待、由衷相信，轉化的過程終將發生。我們的信心、信念，正是主宰潛意識行動的因素。當對自己的潛意識進行暗示的時候，沒有人能夠阻擋我們去「欺騙」自己的潛意識。

在每個人的內心裡，失敗的種子永遠存在，除非我們介入其間將它砸毀。一個人體驗到空虛之後，空虛就會成為避免努力、避免工作、避免責任的方法，也因此成為隨波逐流的理由與藉口了。

我們都可以化失敗為勝利。請從挫折中吸取教訓、好好利用，就可以對這個失敗泰然處之了。

我們可以透過各種方法來完成這種轉化。最好的方法是讀一讀書，從偉人的著作中汲取精神力量。

比如當我們孤獨、苦悶、意志消沉的時候，可以讀一讀《約翰·克利斯朵夫》。

它讓人們感受朋友的溫情，使人們不再孤獨；讓人們領受創造的快樂，使人們不再苦悶；讓人們擁有奮鬥的力量，使人們不再消沉。

《約翰·克利斯朵夫》告訴我們：世界永遠是充滿希望和陽光般的溫暖，只要

我們去尋找。當約翰·克利斯朵夫懷著自由的希望來到法國的時候，首先看到的是法國巴黎社會的頹廢。但他卻不相信法國就是這樣，巴黎就是這樣。他沒有失去探索的心，而是帶著一顆永遠充滿希望的靈魂去揭開法國的神祕面紗。他要找到在這朦朧的面紗下發光的生命。

人生旅途中，誰都有苦悶的心情，誰也有不幸的時候。這時，我們不免會問：我該做怎樣的人，我活著是為了什麼，我怎樣才能快樂？約翰·克利斯朵夫是一個追求真善美的人，痛恨一切的做作、自欺欺人和自我標榜。他從來沒想過要為了什麼而去屈服。他這樣真實地活著，也真實地看著這個世界。他的音樂就是要給痛苦徬徨的人以安慰。他用音樂表現自己，用音樂去愛別人，真實地奮鬥與生活，堅定地奉獻愛與真誠，無罣無礙而清明寧靜。有了這個信念，就有了快樂的基礎。他說：

「生命的快樂在於創造。難道你們一無所見、一無所聞、一無所感、一無所悟嗎？」

這是克利斯朵夫對自認為會欣賞音樂的人的憤怒，也是對那些麻醉而不知領會快樂的人的憤怒。我們都不願擁有苦悶，想要有一個快樂的人生。那首先得做一個真的勇士，永遠能夠用一顆天真的心去體驗宇宙間生生不息的現象。這樣就有了快樂的基礎。然後，我們為了愛那些可愛的人、善良的人、可憐的人活著，就有了快樂的源源不斷的泉流。最後，我們得去創造，而創造需要奮鬥。奮鬥，去創造生命的奇

蹟；奮鬥，去創造生命的美麗。在創造的時候，快樂的天使如約而至。

我們奮鬥、追求，但誰都知道失敗難免。誰都有消沉的時候，但我們要不斷去尋找幸福。我們從克利斯朵夫身上找到了一種永不屈服的動力。失敗可以鍛鍊一切優秀的人物；它挑出一批心靈，把純潔的和強壯的放在一起，使它們變得更純潔更強壯；但它把其餘的心靈加速它們的墮落，或是斬斷它們飛躍的力量。一蹶不振的人在這裡與繼續前進的優秀人士分開。

當災難無緣無故地降臨，我們要勇敢地說：「我們得祝福災難。我們絕不會背棄它，我們是災難之子。」

在某些情況下，人們有理由認為他們受到不公平的遭遇。大家都知道，許多事件尤其是不幸的事件，能把我們擊垮，不論我們做過或能夠做什麼事。飛機墜毀、火車出軌、親人突然去世、經濟形勢突然惡化，此外還有火災、地震、洪水、瘟疫、戰爭……這些都是隨時可能出現的厄運。預見或減少這類事件對生活的影響大大超出了我們的能力。所以，我們只能依靠自己的性格和信念勇敢地接受現實的挑戰。

連遭厄運的人應當牢記，不論在生活中碰到怎樣的厄運，都不意味著永無出頭之日。只要他順勢而為，運氣時時都會光臨，不間斷地連遭厄運畢竟比較少見。生活中的機遇並非一成不變地向我們走來，它們像脈動一樣有起有伏、有得有失。每

當人們坐在一起相互安慰時，總是說黑暗過後必有黎明，這才是隱匿在生活中的真諦。如果我們時刻處於準備狀態，良辰美景必露端倪，有些事會出乎預料地成功。

生活記錄一次又一次表明，只要一個人全力以赴奮鬥，與背運的屠刀拚死相搏，時運終究會逆轉，終究會抵達安全境地。莎士比亞說：「與其責難機遇，不如責難自己。」這就是人生的基本課程。我們只要仔細回顧一下生活中壞運變為好運的大量實例，就會發現人的素質在改變命運時所發生的作用。

生活的實踐反覆證明，人不能老是安於現狀，因為一旦如此就會產生惰性。挫折能鍛鍊人，更能造就人。

逆境常常可以激發人的潛能，促使一個人去競爭。「逆境出天才」這句話更是被歷史和現實中的許許多多的人所驗證。環境對人能否擺脫平庸非常重要。有人曾讀過這樣一則故事：

一位動物學家，曾對生活在非洲奧蘭治河兩岸的羚羊群進行過研究。他發現東岸的羚羊繁殖能力比西岸的強，奔跑的速度每分鐘要比西岸的快出十三公尺。

對這些差別，這位動物學家曾百思不得其解。因為這些羚羊的生存環境和屬類都是相同的，飼料來源也完全一樣。有一年，他在動物保護協會的協助下，在東西

兩岸各捉了十隻羚羊，把牠們分別送往對岸，結果運到西岸的十隻羚羊，一年後繁殖到十四隻；而送到東岸的十隻羚羊卻只剩下三隻，那七隻羊全都被狼吃了。這位動物學家終於明白了，東岸的羚羊之所以強健，是因為牠們附近生活著一個狼群；西岸的羚羊之所以弱小，正是因為缺少這樣一群天敵。由此可見，好的環境卻使羚羊變得弱小，而惡劣可怕的環境反倒給羚羊以強健，不能不承認這是一種典型的逆境狀態。

有了比較與參照，才會有競爭的需要，繼而樹立信念、堅定目標。仔細想想，大自然的這一現象在人類社會中也同樣存在著如今人們有句可愛說的話：「競爭中的人是快樂的。」這對競爭有了最好的詮釋。憂患和安逸同樣是一種生活方式，但一個可以培育信念，一個可以播種平庸。

一則寓言故事講道：同一座山上有兩塊相同的石頭，三年後發生截然不同的變化，一塊石頭受到很多人的敬仰和膜拜，而另一塊石頭卻受到別人的唾罵。這塊石頭極不平衡地說道：「老兄呀，在三年前，我們同為一座山上的石頭，今天產生這麼大的差距，我的心裡特別痛苦。」另一塊石頭答道：「老兄，你還記得

嗎？在三年前，來了一個雕刻家。你害怕刻在身上一刀刀的痛，告訴他只要把你簡單雕刻一下就可以了；而我那時想像未來的模樣，不在乎割在身上一刀刀的痛，所以產生了今天的不同。」

兩者的差別是：一個關注想要的，一個關注懼怕的。過去的幾年裡，也許同是兒時的夥伴、同在一所學校念書、同在一個部隊服役、同在一家公司工作，幾年後，發現兒時的夥伴、同學、戰友、同事都變了，有的人變成了石頭「佛像」，而有的人變成了另外一塊石頭。就像一輛沒有方向盤的超級跑車，即使有最強勁的引擎，也一樣會不知跑到哪裡；同理，不管希望擁有財富、事業、快樂，還是期望別的什麼東西，都要明確它的方向在哪裡，我為什麼要得到它，我將以何種態度和行動去得到它。

「人生教育之父」卡內基說：「我們不要看遠方模糊的事情，要著手身邊清晰的事物。」假設今天上天給我們一次機會，讓我們選擇五個想要的事物，而且都能夢想成真，第一個想要什麼？假如只有一個選擇機會，會做何選擇呢？假如生命危在旦夕，人生最大的遺憾，是什麼事情沒有去做或者尚未完成？假如擁有一次重生的機會，最想做的事情是什麼？如果發現了最想要的，就把它馬上明確下來，明確

就是力量。它會根植在我們的思想意識裡，深深烙印在腦海中，讓潛意識幫助我們完成所想要的一切。在這個世界上沒有什麼做不到的事情，只有想不到的事情，只要能想到、下定決心去做，就一定能得到。

每個人的內心都有一個屬於自己的小宇宙，當我們有了某種決心，並且相信它會變為事實時，我們小宇宙裡的所有力量就會動起來，把自己的決心推向實現的方向。在不經意的某一天，我們會發現，理想真的成為現實了。回頭看一看，當初這些都是自己的選擇，重要的是那種認為自己可以做到的念頭一直在支撐著我們，從而改變並影響著自己的行為。但這仍然是我們自己的選擇，也是我們自己的能力，只是我們將這種能力表現出來，就像將深深沉睡在地下的礦藏挖掘出來一樣。它本是屬於我們的，關鍵在於是否知道自己有，是否相信只有自己才是命運的決定者。

長相平凡的陳穎在公司企劃部裡實在引不起人們更多的注意，但恰恰是她成了企劃部的總監，管理著一群比她小不了幾歲的俊男美女。

其實陳穎的相貌不僅僅是平庸，簡直是「有點醜」，各公司的企宣部門常常是俊男美女的所在，像她這樣長相的並不多見。說來也怪，從小就不指望靠相貌打天下的陳穎卻偏偏要在這樣需要「門面」的部門工作。

142

陳穎吃的苦可謂不少。十九歲那年，她連考了兩年大學都落榜。當時她的心情很灰暗，覺得自己的夢想幾乎不可能實現了。就在這時，學校老師找到她們幾個落榜的女生，說有家飯店正在招考服務員，讓學生們去試試。陳穎因此抱著志在必得的信念參加面試，不過她未被錄用，原因就是長相「有點醜」。看著昔日同窗紛紛奔向職場，陳穎心理上受到很大刺激，覺得自己無才無貌，簡直是個廢物。

後來，陳穎在家人的鼓勵下參加了企業實務訓練班，並加強各種技能。比如電腦、外語和社會交際能力。經過兩年的學習生活，她開始重拾自信。首先，她在卡內基口才班接受的培訓派上了用場：一家公司決定聘任她為市場行銷人員；一年後，當她在英語口語班練就了一口流利的標準英語後，她接受了一家外商公司的聘用。

不過，她並沒有滿足，在她已經成為那家外商公司的銷售總監時，現在的這家公司招聘啟事又一次吸引了陳穎。憑著多年的銷售經驗和練就的職業素養，公司人事部經理一下看中了陳穎，但在分配工作時把陳穎分到了企宣部門。一開始就牴觸「門面」部門的陳穎對於公司的安排深感奇怪，不過公司老總表示，企宣部門不是靠長相生存的，這裡需要更多有內在實力的人參與進來，以提高公司整

體形象。陳穎就這樣成了企宣部的一名員工。

進入企宣部門的第一個月，陳穎便成功地策劃了公司的一次宣傳推廣活動，這次成功的推廣會不僅奠定了她在企宣部門的地位，也使陳穎感到了自身的不足。同行對於國際公關策劃活動的諳熟讓她自愧弗如，在他們的啟發下，陳穎不久報名參加了一個在職工商管理進修班的學習。兩年讀下來，收穫真是不小。學業結束後，陳穎又準備出國深造。所謂當機立斷，現在的工作雖然不錯，但自身能力獲得提高後，理想也會隨之提升了。

有時，回頭來看當年未被飯店錄用這件事，到底是福還是禍呢？還真說不清。這就是陳穎的心得：現代社會給予才女的機會可能比美女還多；如果不甘於平凡的工作，就選擇不斷提升自己，自己付出的辛苦最終會換來一片藍天。

俗話說：「天有不測風雲。」生活中每個人都可能遇到許多不盡如人意之處。比如：你在外面做生意失敗了；回到家中突然遇到父母不幸去世；太太被老闆炒了魷魚；孩子踢球把鄰居家的玻璃打碎了，人家找上門來；等等。面對上述情形，很多人會有「發瘋」的感覺罷。其實生活中有許多人和事，就是因在突發情況下不冷靜，從而使事情發生惡變，自己也在其中成了受害者。

曾聽說過這樣一件事：一位大學畢業生應聘於一家公司做產品行銷，公司提出試用三個月。三個月過去了，這位大學生沒有接到正式聘用的通知，於是一怒之下憤然提出辭職。公司一位副經理請他再考慮一下，他更是火冒三丈，說了很多偏激抱怨的話。對方終於也動了氣，明明白白地告訴他，其實公司不但已決定正式聘用他，還準備提拔他為行銷部的副主任。這麼一鬧，人家無論如何也不用他了。這位涉世未深的大學生因他的不冷靜而白白地喪失了一個絕好的機會。

在生活當中，冷靜地面對社會百態，才能使我們的生活提升至較高水準。冷靜處事，是為人的素質展現，也是情感的睿智反應。

生活裡有太多的逆境，這是生活中的偶然，但在理智面前偶然會轉化為令人快慰的必然，偶然與必然儘管有理論上的反差，但它可在冷靜和智慧中達到完美的統一。以冷靜面對社會，有利於苦樂中的洗練，可盡享人生中的愜意；以冷靜面對生活，有利於順境與逆境的反思，可既利社會又利自己；以冷靜面對他人，有利於善惡的辨識，可近君子而遠小人；以冷靜面對名利，有利於道德上的不斷完善，可提高人品和素質；以冷靜面對坎坷，有利於安危中的權衡，可除惡保康寧。冷靜使我們大度、理智、無私和聰穎。

冷靜是知識、智慧的獨到涵養，更是理性、大度的深刻感悟。我們面對著一個高速發展的物質世界，必須具有人性的成熟美。否則，就是成功送到我們面前，還是難免在毛躁中遭遇失敗

代價是自己的生命。

一九〇〇年七月，一位叫林德曼的精神病學專家獨自一人架著一葉小舟駛進了波濤洶湧的大西洋。他在進行一項歷史上從未有過的心理學試驗，預備付出的代價是自己的生命。

林德曼博士認為，一個人只要對自己抱有信心，就能保持精神和機體的健康。

當時，德國舉國上下都在注視著獨舟橫渡大西洋的悲壯的冒險。已經先後有十多位勇士相繼駕舟橫渡大西洋，結果均遭失敗，無人生還。林德曼博士認為，這些死難者首先不是從肉體上敗下陣來的，主要是死於精神上的崩潰，死於恐怖和絕望。為了驗證自己的觀點，他不顧親友們的反對，親自進行了試驗。

在航行中，林德曼博士遇到了難以想像的困難，多次瀕臨死亡，他的眼前甚至出現了幻覺，運動感也處於麻木狀態，有時真有絕望之感。但只要這個念頭一升起，他馬上就大聲自責：「懦夫，你想重蹈覆轍，葬身此地嗎？不，我一定能夠成功！」求生的希望支持著林德曼，最後他終於成功了。他在回顧成功的體會

時說：「我從內心深處相信一定會成功，這個信念在艱難中與我自身融為一體，充滿了周圍的每一個細胞。」

他的試驗證明，人只要對自己不失望，自己充滿信心，精神就不會崩潰，就可以戰勝困難而存活下來。

在日本的一次大地震中，有許多死者並非死於饑渴、傷痛，而是死於絕望。

據觀察，他們的身上並無任何傷痕——除了滿身自己手抓的傷痕以外，他們是在極端絕望中自己結束生命的。而有一對夫婦被壓在地下三天，仍然活了下來。在被壓在地下的日子，傷痛和饑渴也幾乎使他們喪生。丈夫找了一把菜刀努力想挖出一條生路，但四周都是水泥地板，菜刀除了砍下一點灰塵之外並無作用。但是菜刀砍在水泥地板上的聲音使妻子得到了振奮，她不停地問丈夫：「快了嗎，快挖開了嗎？」丈夫也滿懷希望地說：「快了，快了。」

聰明的丈夫用「希望」拯救了妻子，也拯救了自己。

心理學家從大量的觀察事實中發現：在危險的情境中，經常是那些性格樂觀、

富於自信的人存活下來，因為他們總是沒有熄滅自己的希望。

對於希望效應，心理學家進行了一次廣泛的調查，他們要求許多人回答題為「你有哪些希望」的問卷。問卷分析的結果表明，抱有希望的種類（不論大小）越多的人，往往充滿了自信並注意生活的樂趣，精神煥發、精力旺盛；而那些沒有明顯的或者較少希望的人則往往表現出漠然、悲觀、消沉。一位富翁在試卷上只填了一句話：「我沒有希望，所有的希望都已經滿足了──除了長生不老之外，而這能算是希望嗎？」經過調查，這位富翁患了嚴重的憂鬱症。心理學家與他進行了接觸，勸告他從事一些具體的活動，並列出分階段的計畫表，如對外孫的培養、對某個足球俱樂部的支持等。經過指導，以及不斷的、各式各樣的希望的「煎熬」，這位富翁在精神上已判若兩人。

希望感是人類能夠生存的根本欲望。一些剛剛步入社會及人生之路的青年，過早地結束了自己的生命，大多數是由於對生活感到失望以至累積成絕望。而一個對生活有希望的人，即使環境再艱難，他都會發揮同環境抗衡的能力，在改造環境中改善自己的生存條件和地位。

讓我們一起去尋找生命中的希望，讓它牽引我們前行。

第七章
潛意識讓我們正確面對成敗

1. 挫折之後的教訓最為可貴

著名成功學大師金克拉經歷過這樣一件事情：他在某大學授課時，曾經給畢業班的一個學生的成績打了不及格。這個打擊對這個學生來說簡直太大了。因為這個學生早就做好了畢業後的各種計畫，現在因為金克拉教授的原因，他的這些美好的計畫都將不能實施，真的覺得十分難受。他面前只有兩條路可以選擇：一、重修這門課，這意味著他將在下一年度才能獲得畢業證書；二、不要學位，直接走人。但是如果沒有學位，工作肯定不好找。而如果推遲畢業，自己的計畫又無法按時實現。

在得知自己不及格後，這個學生簡直要瘋了，以往教授們對學生的要求都不是很嚴格，尤其是對畢業班的學生，只要分數相差不太多，教授們通常都會讓他們過關。可是，現在這個可惡的金克拉竟然讓自己不過關，他心裡對金克拉充滿了不滿和憤怒。於是，他怒氣沖沖地來到金克拉的辦公室找他理論。金克拉很耐心，對他說：「你的成績太差了，我真的不能讓你這樣矇混過關。你自己心裡清楚你對這門課下的工夫到底有多少。」這個學生承認自己的確沒有在這門課上下多少工夫，但是他還是試圖說服金克拉給他一個及格的成績，他說：「教授先生，

150

我以前的成績都在中等水準上，這次我馬上面臨畢業，你能否通融一下，好讓我能順利畢業。我已經做好了畢業後的計畫，如果因為這一門課不過關，我的一切計畫都將泡湯，你可憐一下我吧！」

金克拉並不為這些話所動，他說這個成績是經過多次評估才決定的。金克拉還提醒學生說，學籍法規定禁止教授以任何理由更改已經送交教務處的成績單，除非這個錯誤是由教授造成的。這個學生看到金克拉的態度這麼堅決，就更加氣憤了，他說：「教授先生，我可以隨便列舉出本市五十個不知道這門課的知識，但是你對這門課的態度對你卻大有影響。」「你是什麼意思？」他反問道。金克拉說：「我能不能給你提個小小的建議呢？我知道你因為不能按期畢業而感到相當的失望，我了解你的心情，我不會怪你對我不滿和憤怒。但是請你用積極的心態面對這件事情吧。這是一門非常非常重要的課程，如果不努力培養起自己積極的心態，根本做不成任何事情。

成功的人，他說：「你的這門課沒有什麼了不起！為什麼難為我，讓我拿不到學位！」他發洩完以後，金克拉並不急於辯駁，他知道，現在最好的辦法是讓這個在氣頭上的學生冷靜下來。他靜靜等了四十五秒鐘。然後對這個學生說：「你說的大部分都很對，確實有許多知名人物不知道這門課的內容。你將來可能不用這門課就能獲得成功，你可以一輩子都用不到這門課的知識，

請你記住這個教訓。五年以後，你就會知道，這個教訓將是你最大的收穫。」

金克拉的一番話讓這個學生陷入了沉思。幾天以後，金克拉了解到，這個學生真的去重修這門課了。這一次他的成績非常優秀。過了不久，他特地向金克拉致謝，讓金克拉知道他非常感謝上次他們的那場爭論。他說：「那次不及格使我受益匪淺。看起來可能有點奇怪，現在我甚至慶幸那次沒有通過這門課。」

不要把失敗的責任推給命運，要仔細研究失敗的原因到底是什麼。很多時候，人們往往會花時間去設想最糟糕的結局——這等於在預演失敗。史丹福大學的研究證明，頭腦裡的想像會按事情進行的實際情況刺激人的神經系統，比如當一個高爾夫球運動員囑咐自己「不要把球擊入水中」的時候，他的腦子裡將出現球掉進水裡的情景。試想，頭腦中呈現著這樣的景象，在這種心態下打出的球會往哪裡飛呢？

為什麼不設想一下自己成功了將是什麼樣的結果呢？如果想像自己獲得成果時的情景，自己就會為這個成功而努力，其實潛意識中已經成功了。

2. 不要抱怨命運的不公平

　　有的人總是抱怨上天對他不公平，為什麼別人可以生活幸福、工作順利，而自己卻事事不順。於是，他們開始討厭這個世界，產生厭世情緒；更有甚者，想到了逃避現實，選擇死亡以「解脫」自己。其實，這些都是怯懦的表現。人的一生中不可避免會遇到一些不如意的時候，個人的承受能力不同，有的人可能很快從挫折和打擊中走出來，有的人可能不堪一擊。這是潛意識發揮作用的最簡單方法，那就是在心裡相信自己能夠戰勝一切困難和挫折。

　　在屈辱的時候，不要計較面子、身分、地位，也不要急著出人頭地，要沉得住氣，只要自己好好活著就有機會。要相信，不經歷風雨哪能見彩虹。

　　如果由於怯懦而不敢做一件事情，那麼在做這件事情之前，要先預測一下如果做了這件事，它的最壞結果將會是什麼。有的時候做出最壞的打算，可能喚起一個人心中最大的勇氣。一旦有了這種勇氣，就可能在氣勢上先壓倒對方，獲得絕處逢生的效果。只要對自己說：既然我別無選擇，那麼還不如鼓起勇氣冒一次險，即使失敗了也比在這裡猶豫不決、寢食難安強得多。要相信誰也不能主宰自己的命運，只有自己才是命運的主宰。

在人生的路上，我們在很多時候都需要這種挑戰的勇氣和精神：挑戰傳統、挑戰權威、挑戰大自然、挑戰自己，沒有挑戰的人生就如同一灘死水。人生沒有什麼邁不過去的坎，沒有什麼越不過的難關，只要心裡不放棄自己，不給自己打退堂鼓，一味地奢望和一廂情願是不能解決問題的，唯一的辦法就是不斷地前進、不斷地奮鬥。我們堅信，勇於奮鬥就能夠取得勝利。既然已經成為事實，就不要太多抱怨，一味地奢望和一廂情願是不能解決問題的，唯一的辦法就是不斷地前進、不斷地奮鬥。我們堅信，勇於奮鬥的人不會永遠失敗，成功遲早會光顧我們。

一個人絕不能讓隨波逐流和千篇一律來玷污自己的生活，因為那樣就會使人喪失鬥志，對任何事情都得過且過。我們都是凡人，我們的生命有限，但是如何在有限的生命裡做出最多最有意義的事情呢？不要放棄自己的理想和願望而去追隨別人所選擇的道路。我們自己的路是自己選擇的。每個人的資質和興趣不同，也會選擇不同的人生道路。有時，我們總是缺乏勇氣，在困難面前退縮、在機遇面前猶豫、在壓力面前屈服。所以，有許多理由令我們失去信心。那麼我們不妨把自己「置之死地而後生」，在絕境當中，我們的潛能才可以被求生的欲望激發出來，往往會產生驚人之舉。

在潛意識當中，可能埋藏著某些失敗、傷心的記憶或個別不堪回首的經歷，但這並不意味著需要以理性思維將其發掘出來，時時觀瞻把玩，陷入它們給我們帶來

的痛苦之中。往日的一切錯誤、失敗和消極性經驗，會自覺地在潛意識思維中留下痕跡，成為某種「回饋性資料」，從而對以後的人生產生影響。這些資料確實可以產生警世和教育的作用，但是我們必須有意識地把它們逐漸忘掉，讓頭腦中充滿快樂與幸福的記憶。只有這樣，以往的經驗與教訓，方能變為有益於人生的財富而不是道德障礙。我們的意識性思維，應當集中於積極性的意念與目標之上，而對於以前的錯誤、失敗應當拋之腦後。天下最可悲的人，莫過於死死糾纏於往事而難以自拔，莫過於總是不斷地譴責自己所犯下的錯誤。譴責自己於事無補，反而會使潛意識思維受到不正確的「鼓勵」和「暗示」，從而形成惡性循環，本來不想這樣做，結果卻是這樣做了。

著名哲學家羅素，在年輕的時候曾經一度厭惡生命、想自殺。後來，他成了無比熱愛生活的人。他說，每過一年，自己就對生活更多一層熱愛之情。究其原因，是他不再過分關注自己的過去，不再像從前那樣動輒沉浸在罪惡與各種缺點當中。他逐漸學會了寬容和諒解，把注意力集中到外部世界，開始關注世界上人生的真理。他還認為，一個人應該以觀念改變觀念，而不是以意志對抗觀念。也就是說，某些人陷入思想困境難以自拔，並非是某種事實的結果，而是完全出自一種愚蠢至極的信念。比如，有的人認為自己無論怎麼努力，都不可能買下一幢價值上百萬的

別墅，那麼這種消極的觀念會將其手腳牢牢束縛，從此難以發財致富。

而正確的信念對於潛意識能夠產生非常重大的作用。信念的力量能夠使潛意識的內涵在一夜之間發生改變。如果我們為某種不當的行為而懊喪或悔恨，而理性告訴我們那並非邪惡之舉時，我們就要振作精神，檢視一下消極性心緒的成因，認清這種心緒的荒謬之處。我們要讓頭腦中的信念充滿陽光與活力，它們會對潛意識施予有益的影響，從而消除從孩童時代起便形成的心理陰霾。

一個人應當樹立積極向上的人生信念，不讓任何消極或頹廢的想法支配自己。只有這樣，他才會發現，自己所賴以生存的世界並非地獄而是天堂。

同樣，一個人不應該常常生活於預期與幻想的世界中。幻想過度，就會使我們的生活枯燥乏味。一個人既然生活於現實之中，就應該充分利用現實，既不要把精力虛擲於對過去錯誤與失敗的追悔，也不要把精力浪費到對未來的過度夢幻當中。

同樣，要學會「只為今天考慮」的習慣。我們可以為未來做出計畫，但不要擔心未來的結果，不要介意明天將會怎樣、五分鐘後將會怎樣。「生活在今日」這一原則，我們應該可以保證我們一生幸福。除了今天的二十四小時，不要顧慮明天和後天。我們應該充分利用今天的生活，使之豐富多彩；應該學會每次只做一件事情，不必急於把所有的事情一下子做完。

3. 任何時候都要相信生活總是美好的

朗斯特已經到了絕望的邊緣，自從她的體重又增加了二十五公斤以來，她的心情糟糕透了，每天以睡覺打發時光。就在這一天，她從收音機裡聽到的一則廣告引起了她的興趣。朗斯特的醫生已經給她下了「死亡令」，認為她不可能再恢復到以前的體重了，因此對於一般人來說，此時的健康俱樂部廣告根本不會引起她的興趣。然而，令人驚訝的是，朗斯特竟然搖搖晃晃地跑到了那家俱樂部想看個究竟。也許這就是潛意識催促她這麼做的吧！

朗斯特來到這家俱樂部，發現這裡的推廣人員既和善又活潑，顯然都很喜歡這裡的工作。朗斯特愉快地加入了這個俱樂部，開始了自己的運動訓練課程。經過一段時間的訓練，她發現自己的精神比以前好多了。於是，她說服俱樂部給她一份推廣的工作，她要把更多的人介紹到這裡來。朗斯特以前在鞋店賣過鞋，她很喜歡這個工作，成績也不錯，但是迫於家裡的壓力，不得不改行當了老師。她一點也不喜歡老師這個職業，心裡很鬱悶，於是就拼命地吃巧克力蛋糕，結果使自己的體重大增，精力也不如從前了。現在重新做起了推銷工作，這令她回想起在鞋店工作的時光，但她的情緒還是時好時壞。總經理發現了她的不正常，就給

157

了她一卷錄音帶，裡面是鼓勵人們志氣的內容，總經理要求她每天都聽，沒想到朗斯特的工作業績大幅度提升。

朗斯特一向對廣播推銷十分神往，有意向這方面發展，但是她所鍾情的電台沒有職位空缺，也不願意給她面試的機會。那時，她已經領會到堅持就是勝利的道理，就死死守在總經理辦公室門前，直到總經理熬不過她，答應她來面試為止。朗斯特表現出來的信心、決心和毅力讓總經理不得不屈服，答應雇用她。剛一開始工作，朗斯特就表現出了驚人的力量，不久就遙遙領先於其他同伴。

接下來是朗斯特的人生轉捩點，她不小心跌斷了腿。這使她不得不連續幾個月都得打石膏、纏繃帶，但是這並沒有讓她停下來。她在家僅僅休息了十二天，就回到了工作崗位。她雇用了一個司機，每天把她帶到指定的地方去。但是因為上車和下車很不方便，她開始用電話進行推銷和接訂單，結果她的業績沒有受到絲毫影響，反而大幅度提升。與朗斯特從事同一工作的其他四個推銷員看到她的卓越成績，都來向她請教。朗斯特使有問必答，絲毫也沒有隱瞞，這使同事們對她更加信任，她在同事中的威信也提高了。不久，朗斯特的上司辭職，大家便推舉她為總經理。朗斯特並未因此放鬆對自己的要求，她每天召開銷售會議，還保持自己的業績，雖然電台銷售僅佔市場的百分之二，但他們每個月的營業額由四

萬美元上升至十萬美元。這令廣播電台的總經理大為吃驚。聽說這個電台的聽眾最少，可是業績卻名列前茅，於是他聘請朗斯特到其他城市作報告，不管她到哪裡，成果都相當顯著。因為一旦有了凝聚信心的動機，再配合顧客至上的銷售技巧，生意自然蒸蒸日上。

由於研討會成績優異，迪士尼連鎖電台聘請朗斯特為整個連鎖線的銷售副總。全國廣播協會也邀請她到全國大會中對二千名聽眾發表演說。雖然朗斯特從未有過這樣的體驗，但是她對自己所學的技巧都有無比的信念。她認真準備演講稿，想像自己說話的樣子，在心裡想著聽眾對她演講報以熱烈的掌聲的情景。每試講完一次，她就給自己來個起立鼓掌。

那一天終於來了，她準備了一大堆演講稿，一切準備就緒。但是當她走上講台，炫目的燈光卻讓她很難看清楚演講稿的內容，於是她就依照心中的感想發表了演說。聽眾們聽得如癡如醉，不斷用熱烈的掌聲打斷她的演講。而聽眾的反應也與她事先想像的一模一樣。從此，朗斯特名聲大振，如今她已經成為全國知名的演說家、作家，也是她自己的公司──朗斯特推銷與激勵公司的董事長。她比任何時候都快樂、健康。

朗斯特的故事可以說明很多問題。但是最重要的一點就是，如果自身存在不足或者危機，那麼不要害怕，只要在信念上訓練自己，用潛意識的力量強化自己的信念，我們就可以擺脫和克服自身的危機，從而走向勝利的彼岸。只要在內心不求失敗、不放棄自己，給潛意識下命令，它就會不斷使我們提高自身的能力，直至我們的願望得以實現。

4. 掃除那些存留在心靈的垃圾

大多數內心存在恐懼感的人都有一個共性，就是不能忘記過去的陰影──可能是打擊、挫敗、傷心、流淚，因此一天到晚情緒低落。這種人的生存危機是顯而易見的，用「可憐蟲」來形容他們是再確切不過的了。對於這些人來說，揮去心中的陰影、重現生活的樂趣、面對人生之路，是他們最迫切的任務。

有一個心理醫生曾經遇到過這樣一個人。這個人是個建築工人，做這行已經很多年了，令人羨慕的是，他曾經親手為建築曼哈頓的摩天大樓出了不少力。但

挫折，但是你應該注意發現自己的成功之處。擺脫過去，看看自己獲得的成績吧！

一個人就不能有失敗呢？世界上的每個人都不可能是一帆風順的，總會有失敗和

醫生非常誠懇地對他說：「你應該這樣對待自己，既然曾經失敗過，為什麼

才來找這個醫生，希望得到幫助。

了。他的大女兒了解了父親的苦楚，就向他介紹了這位心理醫生寫的書。他因此

兵、打過仗，後來還娶了一個既漂亮又能幹的老婆，現在已經是五個孩子的父親

當了建築工人，而且做了好多年，成為工地中少有的幾個技術能手。他曾經當過

然而，確切地說，這是矛盾的。他在工作中取得了不小的成就。他在建築業

認為自己是個失敗者。

功課都亮起了紅燈。最終他開始厭倦學習生活，開始曠課。而在他的內心，他也

腦中始終揮之不去。從那以後，他就一直恨自己，學習成績也一落千丈，好幾門

不快，老師就說他是個傻孩子，一輩子也成不了什麼大事。於是，這句話在他頭

自己內心深處的祕密。原來在他讀小學的時候，由於他的成績不是很好，反應也

為了幫助這個可憐的人，心理醫生詳細詢問了他過去的生活。他終於吐露了

築工地的高樓上跳下去。

是，他卻沒有任何成就感；相反地，他恨自己，有時候甚至想一死了之，想從建

這些年來，你工作穩定、家庭和睦，你養育了五個兒女，還供你的大女兒上了大學，你用自己辛勤工作換來了一家人的幸福快樂。看到這些，你難道不覺得這是你的成功嗎？」

他臉上掠過一絲笑容，「我從來沒有那麼想過。」他說。醫生繼續說：「你已經成功了，想想你的成功吧！這樣，你就知道什麼叫享受，你就會笑得更多。」

如何對待過去人生的各種不幸？安東尼・羅賓提出的忠告就是：把苦惱、不幸、痛苦等認為是人生不可避免的一部分。當你遇到不幸的時候，你得抬起頭來，嚴肅對待，並且對自己說：「這沒有什麼了不起的啊，它不可能打敗我。」其後，你得不斷向自己重複使人愉快高興的話：「這一切都將過去。」

面對遇到的巨大不幸，要自己寬容自己，這也許是最難的事情。通常情況下，寬恕別人要比寬恕自己容易得多。沒有任何一種懲罰比自我責備更為痛苦的了。

過去的事情就讓它過去吧，因為已經無法改變它了。我們唯一能做的就是，盡快忘掉不愉快的事情，不斷為自己打氣，終有一天會重新拾回昔日的輝煌。

5. 內疚自責永遠無濟於事

積極心態具有改變人生的力量，雖然人人皆可達成，但有些奇怪的心理障礙會導致積極思想的無效。一個人若是不斷地懷疑、質問，活在自憐的情緒中，安慰自己總是比較容易的。一旦我們了解正是這種不健康的心理因素作祟時，積極思想便開始發揮它的作用。我們因為做錯了事感到內疚，便希望被人懲罰。人性通常如此。

懲罰完全沒有必要，過去的已經過去，內疚自責完全沒有必要。

兩位年長的女性在同一星期內去世。在第一個家庭，死者兒子說：「我覺得母親過世是我的錯，我應該堅持送她去醫院，才不致延誤病情。如果我堅持的話，她今天一定還活著。」另一家的兒子說：「我覺得母親去世是我的錯，要是我沒有堅持送她去醫院就好了。」一連串的檢查、治療，環境又無法適應，她吃不消。」

許多人經常不知不覺中陷入內疚的情緒當中，有的內疚當年對先生不夠好，所以先生病倒了；有的內疚太專注於工作，以致疏於照料孩子；也有的內疚當年沒有聽父母的話……世界上有太多的人集中注意力於過去的事，他們對已做過或已說過的

事感到頹喪或懊惱，使「現在」完全被對過去行為的感覺所霸佔。心理學家羅伊‧姆斯特的研究發現，一般人每天自責的時間總計約為兩個小時，其中三十九分鐘是中度至嚴重愧疚。

為什麼這麼多人會陷入內疚的泥沼？多半是因為，如果我們不感到內疚，就會被人家認為是很「壞」、不近人情，這均與「在乎」有關。若真的在乎某人或某事，就應該為自己所做不得宜的事感到內疚。這就好像在乞丐的缽盂中投入一分錢，好為自己贖回十分錢的罪孽，以內疚來彌補過去的錯誤，換取良心的平安。

內疚是沒有用的，為從前的過錯悔恨、自責無濟於事，意志薄弱的人才會這麼做，悔恨內疚有時被用來當做裹足不前的藉口，大部分人都犯過這種愚蠢的錯誤。

內疚是在浪費我們的情緒、精力，也是在浪費生命。為什麼？因為內疚不只是關乎過去，而因過去的事影響現在，更重要的是，任何內疚均不能改變既成的事實。過去的事已經過去，過去的無法挽回。不要追尋凋落的花，不要緬懷過去，要想一想現在該做什麼，應朝向希望前進，以新的想法面對挑戰。

從過去的錯誤中學到教訓且絕不重蹈覆轍是一種反省，是健全而必要的成長歷程。反之，內疚卻是不健康的，因為把現在的精力消耗在對以前的事感到悔恨、不安、沮喪，這是毫無意義的。記住，為去年的收穫澆水是一無所獲的。無論對過去

6. 面對人生，與往事乾杯

人生是由失敗及成功交互堆疊而成的，差別只在兩者的次數多寡而已。大浪淘沙，優勝劣汰。成功總屬於那些備嚐艱辛、異常頑強的人們。芸芸眾生在對成功者頭頂上的光環頂禮膜拜之時，不禁悄悄哀歎：成功者如同鳳毛麟角，何年何月，成功之神才能對自己格外關照幾分呢？在自艾自歎的消極心態中，他們早就錯過了一次又一次成功的機會。

人人乞求一生一帆風順，航海家也如此。但是航行之中，焉能企盼萬里無雲、波浪不興？每遇風浪，誰不迎風而戰、力挽狂瀾，有誰望風退卻？原因是因為退離暴風圈之後，縱使得以全身而退，風平浪靜後重新啟航，還有無數未知的兇險橫在眼前。一次次地退讓，何時才能到達目的地？

人生又何嘗不是如此？失敗並不可恥，可恥的是心因挫折而死，遭受了失敗的

感到如何慚愧，內疚本身將不會改變任何事物。過去的事情已經過去，我們應該吸取過去的經驗教訓，以修正自己的行為方式。

打擊，從此一蹶不振，成為讓失敗打垮的懦夫。自古以來，不以成敗論英雄，而以勇敢視豪傑。什麼是勇敢？敢於面對挑戰、克服挫折者就是勇者的表徵。人生是一次次的經驗累積而成的，應該把失敗當做是一種不凡的經驗，而不是障礙。唯有將它當作是經驗，我們才能體會出什麼叫做踏腳石。當我們從低處往上攀爬時，沒有著力點就無從爬起，沒有踏腳石就無處著力，在人生的奮鬥過程中也是如此。

要想拾級而上，就需要自己開路造階，一次次的經驗就是我們的路、我們的階梯。萬一失手，如果順勢向後倒下，我們會如何？往下跌幾級台階還不要緊，最怕的是滾回原點，我們還有力氣再站起來嗎？如果能學著向前傾倒，最多不過是雙手撐地，略加思索失敗的原因，就可立即起身去迎接另一個挑戰。然後把這次的挫折看做作另一次的經驗，將來可避免蹈覆轍，可以幫助我們聰明地成長。

不要羨慕登頂成功的人而對自己的屢屢失敗嗟歎不已，因為全世界最成功的人裡，絕大多數的人就是失敗次數最多的人，能夠一蹴而就者寥寥可數。成功者不害怕面對每一次的失敗，反而把它們當作是成功之路必經的一級台階。

把那些破舊的衣物丟棄或送給舊衣回收中心是個不錯的選擇。塞滿家中的舊物品有時和廢物沒有兩樣，多存留一件無用的物品，就是多浪費一點自我的空間。堆積在我們腦中的無用想法也是如此，就像洋娃娃腦袋裡的填充物，既然是無用的草

166

包，就應該早點丟棄。「智慧的藝術，就在於知道什麼可以忽略。」心理學先驅威廉‧詹姆斯如是說：「天才永遠知道可以不把什麼放在心上！」

旅行時不能忘帶護照、機票、換洗衣物、相機甚至是筆記本，但最重要的是，請一定要「忘了帶」過去的心情、想法、習慣。要空著頭腦出去，滿載歷程回來。

如果我們正在英國旅行，在乘船橫渡英吉利海峽前往巴黎的途中將很容易遇到洶湧的海浪。抵達法國後，如果我們還將時間用在詛咒顛簸的航程上，那麼停留在巴黎享受假期的時間就會越少。你應該盡快忘了這段不愉快的航程，充分把握眼前的一切。

一個老農夫肩上挑著一根扁擔信步而走，肩擔上懸掛著一個盛滿綠豆湯的壺。他不慎失足跌了一跤，壺掉落在地上摔得粉碎，這位老農夫仍然若無其事地繼續往前走。這時，有一個人急忙跑過來激動地說：「你不知道你的壺摔破了嗎？」「我知道，」老農不慌不忙地回答道：「我聽到它掉在地上摔破的聲音了。」

「那你怎麼不轉身，看看該怎麼辦？」「它已經破碎了，湯也流光了，你說我還能怎麼辦？」的確，對於一個已經摔碎的壺而言，除了扔掉，又能怎麼樣呢？

舊的恐懼、束縛，就應該讓它們去，丟棄那些無用的舊衣、雜物和舊的創傷。

當我們每丟棄一件東西，必然會帶來一次新的解放。有一年，里查和一群好朋友到東非去探險。在那趟旅途中，里查隨身帶了一個厚重的背包，裡面塞滿了食具、衣服、指南針、觀星儀、挖掘工具、切割工具、護理藥品等各種瓶瓶罐罐。有一天，當地擔任嚮導的一位土著在檢視完里查的背包之後，突然問了他一句話：「這些東西會讓你更快樂嗎？」里查當場愣住了，這是他從未想過的問題。里查開始回頭問自己，結果發現，有許多東西實在不值得為了背負它們而累壞了自己。

里查決定將自己的背包重新整理，取出一些不必要的東西送給當地的村民。接下來的行程，由於背包變輕了，旅途也變得更愉快。從此以後，他學會了在人生的各個階段定期卸下包袱，隨時尋找減輕負擔的方法，讓自己活得更輕鬆、更自在。

生命的過程就如同一次旅行，如果把每一個階段的「成敗得失」全部都扛在肩上，今後的路還怎麼走？為我們的「舊包袱」舉行一場葬禮，將它埋葬，與過去說再見，跟往事乾杯吧。這樣，我們在今後的人生旅程中輕裝上陣，生活得更加輕鬆和有品質。

第八章
用潛意識的力量來完善自我

1. 利用潛意識把握靈感瞬間

一個心理學家曾經講過一個故事：她的妹妹年僅三歲的時候，一天，正下著大雨，她和祖母仍舊像以前一樣在自家房屋的牆角處吃飯。她們剛剛坐下，妹妹就拉著祖母的手，非要離開不可。平時，她是個聽話、溫順的小女孩，但當時卻變得異常堅決。祖母拗不過她，只好收拾起食物離開那裡。她們剛剛走了沒幾步，就聽「轟」的一聲，那面牆坍塌了，正好砸在她們平素吃飯的地方。

類似的例子，生活中還有很多。我們在本書前面也曾經講過這樣的例子。其實這未必完全是巧合，很多例子恰恰反映了人類本能的直覺的強大能力。其實，透過潛意識的力量，一個人可以發掘出更多的潛在能力。人們不斷感覺到的闔下意識，便是人類潛在能力的一種表現。比如，在聽別人講話時，人們也可以注意到周圍各種嘈雜而細小的聲音。一個人所感覺到的訊息，只是所接受的無數訊息中很小的一部分。比如多年前，在美國波士頓椰林公寓發生過一場巨大的火災，許多人在火災中喪生。在調查研究中，哈佛大學的一位精神病理學家發現：火災發生前，曾有十來個人走進室內，旋即又走了出來，原因是覺得不舒服。儘管他們也無法確切地說

170

出當時的感覺，只是有異樣的感覺，似乎有某種因素催促他們離開那裡。於是，這位病理學家提出如下的假設：透過嗅覺，這些人已感到一處火源正在某處燃燒。於是，潛意識向他們發出報警信號，他們彷彿看到那些大片透光的帷簾快著火了，得趕快離開這裡！於是，他們奉潛意識之命採取了行動，離開那裡。從這件事中，我們得出以下結論：要更加相信自己的直覺，並依此及時採取行動。

在某些原始部落中，我們同樣可以找到人類這種潛在能力的例證。譬如，印第安人有著非常敏銳的直覺。透過鹿在地上留下的蹄印，他們就可以做出斷言：「此鹿離開這裡已經一個多小時了。」他們甚至可以說出鹿的身高和體重。在萬里無雲、豔陽高照的天空下，一個巫醫那樣感覺敏銳，能夠迅速「嗅」出暴風雨的蛛絲馬跡。

許多原始部落的人，都有異常發達的直覺；而我們大多數人，卻由於生活在現代的都市叢林裡，已大大喪失了這種感覺。

著名遊艇選手傑拉德・蘭伯特，曾經有一段戲劇性的比賽經歷。有一次，他參加一次遊艇比賽，在開賽的前一天，他的遊艇「揚基」號停泊在羅德島新港附近。這天下著大雨，遊艇突然遭到雷擊，還好，損失並不嚴重，只需要校正一下羅盤就成了。為了校準羅盤，他把船開到了海上。他試著航行了一段時間，遊艇

看起來沒有什麼毛病。於是，蘭伯特便放心準備第二天的比賽。可是，當時誰也沒有發現，經過校正的羅盤磁力不準，有四度的誤差。

蘭伯特就駕駛著這艘羅盤磁力不準的遊艇參加了比賽。那次比賽的航程與新英格蘭海岸平行。比賽當天下起了大霧。霧太大了，以至於連航線都看不清楚。參賽的遊艇很快就拉開了距離，誰也看不見。蘭伯特當然是按照羅盤指示的方向行駛了。大約半個小時後，同船的雷·亨特大叫起來：「我可不喜歡誘捕龍蝦的籠子。」當時蘭伯特正在掌舵，忙得不可開交，沒有顧及到此事。但是，他心裡也有一絲不好的預感，因為按照他的經驗，航線本應該遠離海岸，不應該看見捕蝦的籠子。幾秒鐘過後，蘭伯特聽到海港上有人呼叫。當時，他們離海岸很近，海面靜悄悄的，連最輕微的聲音都能聽到。當時沒有人向他們發出警告，他們也不知道船在什麼方位。他們唯一能聽到的就是大霧中傳來的「過來！」話音很短很急促，蘭伯特到現在也不知道這是誰的。

蘭伯特來不及發出指令，趕緊向右舷轉舵。因為蘭伯特熟悉這個地方，知道前面海面有一群巨石兀然突起，他們正朝石頭撞去。當時，他們正向石頭疾駛。

「真是幸運！可能是一個選手也可能是一個漁夫，待在空曠的海岸上。為什

麼他喊了一聲『過來』，卻不對我們說一句話？我不知道，當時這聲呼喊救了很多人的命。」蘭伯特事後說。

這個例子很好地說明了直覺的重要性。羅盤出了毛病、捕蝦籠子碰到了船，這些都讓蘭伯特產生了警覺，他預見到可能要出問題。他沒有陷入焦慮，沒有聽天由命，全部感覺都凝聚在周邊的環境上。因此，當他聽到有人喊「過來」的時候，能夠迅速做出直覺性的反應。

直覺在各種精神事業中會釋放出不同的能量。心理學家佛洛伊德認為：正是後天的文化教育的不同，所獲得的文化經驗的意識不同，在感受、經驗、理解、領悟的思維活動中，人們才表現為不同的「主體性」，表現為不同的潛意識「自我本質」。自然，這種本質和主體性，並不是消極地被文化環境和意識決定。他認為：在宗教、哲學、道德、文學、藝術等深層次價值領域的自我實現中，如果不能集中全部的思想和情感沉浸在對象世界裡，去感受、體驗它的價值所在；如果不能運用自己全部的文化知識，聯想並想像「對象世界」的因果關係，把握它的價值和本質，賦予它新的價值和意義，那麼，對於精神事業的悟性和「自我主體性」，在深層次價值領域裡不大容易實現。

事實上，當人對某種目標或對象懷有強烈的渴望和關切之情時，他的潛意識就可能產生「預感力」。當一個人處在窮途末路、進退兩難的境地時，他的潛意識就會產生巨大的生存力量，並為自己找到出路。例如，古今中外的許多大人物在面臨命運的重大關口時，常常可以突然間看到曙光，於是憑藉預感或直覺，作出影響個人一生乃至人類命運的決定，這正是自我主體性發揮作用的結果。

在藝術創作和科學活動中，我們可以相當普遍地找到這種「主體性」的蹤跡。馬茲馬尼揚曾經對六十名歌劇和話劇演員、音樂指揮、導演、戲劇家的創作進行研究，結果這些人全都說到直覺對於創作的重要性。

二百年前，日本酒悅公司的創業者山崎理左衛門因經商失敗，失魂落魄地站在河邊，打算投水自盡。「唉！沒有錢，店舖破產，一切都完了。」他頹唐的眼睛茫然地盯著流動的河水。河邊的景物雖然萬分美麗，但是他卻無心欣賞，他只想一死了之。湊巧的是，該地剛好舉行隆重的豐年祭，河面上漂浮著蓮藕、茄子、蘿蔔、絲瓜等祭品，而且越來越多。這時，他突然想：讓這些祭品白白流走實在太可惜了，該想辦法利用它們啊！此刻，一心想死的他，卻猛然鼓起要活下來做一番大事業的勇氣，他彷彿看到自己未來重整旗鼓的樣子。他急忙脫下衣服跳進

水裡，把河中所有的祭品一點一點都撈起來，並把拾起來的祭品切碎，精心做成醬菜，一心做起不要本錢的生意來。

由於他的醬菜風味獨特，吃過的人都讚不絕口，生意越來越好，因而發了大財。這些醬菜不僅把他從死亡的邊緣挽救回來，而且還帶給他幸福和財富，於是他給醬菜起名為「福神漬」。到了明治時代，他的子孫把「福神漬」改為罐頭包裝向全國推銷。由於世世代代的努力，到了昭和時代，「福神漬」已成為享譽世界的罐頭品牌。現在，「福神漬」一年的銷售量已達六億多罐。

2. 在潛意識中找到安全感

任何帶來幸福源頭的事物，似乎都依賴於消除潛意識當中緊張情緒的能力，都在於將你的注意力擴大到個人興趣的小圈子以外，都在於不偏不倚地看待你的人生經驗。人際關係的放鬆與解脫，必須以基本的安全感為基礎。

只要有危險感，我們就無法真正利用任何交流技巧去正視他人，而唯一的技巧似乎就是消除緊張、獲得精神的自由。當然，這裡說的交流，不僅是指旁徵博引的

交談，而且包括感情交流和全部的「美」的內涵。即便大多數人皆以來源於自然界的事物而非他人，但大多數人都有這樣的體會——他們每天捕捉到的幸福感，主要歸於同旁人的交往。關於這一點，不言而明的諒解之情，顯得尤為重要。

比如有一天，我們把一個老太太從椅子上攙扶到床上去。她老態龍鍾，早已失去了正常的理智，對許多事情的處理，活像一個小孩，例如耍小孩脾氣、不願睡覺等。她長得挺胖，我們完全不知如何是好，心裡直發窘，甚至打算丟下她不管，讓這件事情不了了之。這時，我們無意中瞥見她那雙無能為力的發僵的腳，這雙腳可能把我們吸引住了，使我們超脫了自己，考慮起她的難題。這樣，她的困難也變成了我們的困難。於是，她的腳的僵硬的感覺消失了，輕易地聽從於你的幫助。

心理學家說，有時候，儘管我們沒有做出任何外向的動作，只是伸出了自己內心的無形的觸角，人們的情緒也會變化。比如，當一位母親哄嬰兒睡覺時，她總是靜靜地等在一旁、絲毫不動，而且心裡也是一片寧靜。一旦她露出不耐煩和煩惱的神色，嬰兒就會變得睡臥不安。這看上去似乎是一種巧合，但實際上，母親的內心狀態的確可以對嬰兒具有直接的效力。

美國學者馬爾登說：「不安和多變，是形容現代生活的貼切詞語。我們必須面對不安的生活，使我們的船駛過人生的各種航道。否則的話，就只有退回子宮，恢

3.

快樂不會拒絕任何人

在屬於自己的生活氛圍和完全屬於自己支配的世界裡，我們是唯一的思想者和決策者，還是唯一的執行者。只要自己能夠堅持，認定自己的選擇，就沒有人能夠取代我們的思想，也沒有人能夠代替我們做出任何決定，只有我們自己才能夠完成這一切。因為，在這個屬於自己的世界上，只有我們自己是權威，也只有我們自己才有這個權力。

有一位遭遇失業困擾的工人，他的一段生活經歷，在很長一段時間內都對很

復妄想和苦悶。因為能使我們真正安全的東西很少，我們就只有學習盡力去克服所有的危險，才能過上更滿意的生活。」他說：「只要你覺得自己活得有價值，人生的危機就不會妨礙你過充實地生活。只有一種安全感取代了平素的焦慮不安，你才可以快快樂樂地活下去，把不安之感減低到最低限度。當你有了這種安全感，也就自然會有心靈的平和與寧靜。」

多人的心靈產生了震撼。在他五十三歲那年，他一直賴以生存和養家餬口的公司突然之間倒閉了，這給他的打擊是難以形容的，因為他被迫面臨失業的威脅。當他有工作的時候，只是對那些失業者感到有些同情，有時候甚至還會產生某種優越感。但是現在，所有失業的煩惱和災難都一齊向他襲來，這令他感到手足無措和異常孤獨。在那段不堪回首的日子裡，他逢人便講述自己失業的事情，不管別人是否願意聆聽他的傾訴，不管別人對他的這種牢騷是什麼態度，而且翻來覆去就是那麼一句話：「我這種年紀的人，想必沒人要啦！」這種情形好比是一個人孤獨地面對著山谷高聲大喊一樣，聽到的就只有同樣的回答。他天天咒罵政府只給他微薄的失業救濟金；為了找工作，他在被解雇的一年之內磨壞了好幾雙鞋子。每增加一次被人拒絕的經歷，他便自然而然地覺得自己有關於年齡大就沒人要的觀點是絕對正確的，於是他也就慢慢地消極起來，對未來也不再抱有信心和勇氣。

直到有一天，他的女兒硬是把他拉去聽了一個關於積極人生思想的講座，他以前是從來都不喜歡這種內容的。三個小時以後，他回到家裡，女兒幾乎認不出來自己的父親了。他整個人好像被換掉了一樣，臉上洋溢著生活的勇氣和自信心，不再像三個小時之前那樣鬱悶不已。原來，在聽講座的過程，他悟出了一個道理：

正是他的消極人生思想阻礙了他的思想和勇氣，更對他的發展和自信心產生了嚴重的桎梏作用。

第二天，他依然翻開報紙閱讀招聘廣告，令他的妻子感到吃驚的是，不光是有關他熟悉的鉗工的招聘，而且所有招聘廣告他都看了。他非常樂觀地告訴自己的妻子說：「我過去始終認為我只能做鉗工，別的什麼都做不了，因此我只想在需要鉗工的招聘中尋求工作機會。現在我知道自己犯了一個多麼可怕的錯誤，為什麼要封閉自己的思想與潛能呢？我也可以嘗試著做其他的事情，因為我有好多潛能還沒有被發掘出來呢。經過這次講座，看樣子生活又給了我一個新的機會去證明自己，它不會因為以前的錯誤而懲罰我，我還是比較幸運的。」

兩個月以後，他在柏林市的一個汽車站遇到一位多年不見的老朋友。他們是在好多年前一個生日聚會上認識的，這位朋友現在正在做郵票生意，生意非常昌旺，可是由於他的長期合作夥伴兩年前就去世了，所以他問這位鉗工朋友，憑他的集郵知識，是否有興趣以股東的身分與自己一起合夥經營郵票生意。對於這一天大的機會，鉗工的內心開始震撼，覺得自己的機會可能來了，於是毫不猶豫地答應了那位朋友的請求，將家中所有的儲蓄全部拿出來，作為資本入資加入了這位朋友的公司。結果沒過多久，這位鉗工便在屬於自己的公司裡找到了自己應有

的位置，他們的生意也經營得越來越大。幾年後，昔日失業的鉗工已經是一位相當成功的商人了。

今年已經接近七十歲的他還在繼續工作，每天忙碌得不行。無論經濟上還是精神上，他都得到了極大的滿足，內心的自豪不是一般人能夠體會得到的。他自己說，如果沒有當初那次講座，可能至今他還在失業，還在悲歎自己的命苦。

事情的確如此，當一個人沒有真正了解並運用潛意識的力量時，最多只能發揮自己十分之一的潛能；如果他了解了自己的潛意識的力量，就會主動尋找機會發揮自己的全部能力，去實現自己的人生價值和人生意義。現在仍然在失業的人不應該沮喪，而是應該把目前的處境當做重新開始新生活的一次機會，相信自己的潛意識能夠解決一切問題。

4. 誠心就可以影響潛意識

從放棄到改變是一種境界的昇華。有個神父臨終前懺悔，他說：「我年輕時想

改變世界，中年時想改變國家，後來想改變附近的地方。現在，上帝啊，再給我幾年，讓我改變自己吧。」

人在基本的需要上，最希望獲得指導的事是：培養能力，使我們願意解除舊思想、戒掉壞習慣，控制自己的意念，存善去惡，能寬恕自己、寬恕他人、解救自己、解救他人。

以上三項，看上去似乎很難做到，其實不然；如果能切實去做，就絕對可以辦到。即使不那麼順利，經過一段艱苦的克服時期，功效必然會明顯地出現。

有位長期患失眠症的女士說，她一直放任自己在上床以後把白天所經歷的事反覆回想；如果有人刺激過她，她就更要多次重溫當時的情景，思前想後、痛定思痛、無休無止。所以，她半夜睡不著是常事，一夜都不闔眼也不稀奇。她以為她不得不如此，因為思想和睡眠都不受她的指揮。

後來，她聽從了心理醫生的勸告，一上床便告訴自己：「要想的明天再想，我的腦子現在要休息。」每次思潮湧來時，她都一下把它推開。這辦法對她發生了效用，她的失眠症痊癒了。她很興奮地告訴別人：「原來我真能控制自己的潛意識。」

其實，我們人人都可以做到這一點。凡是有信心的人都會使自己改變，沒一個人不在改變，所有存活的人都在努力改變中。不過，有些人是稍覺不對就改變，有些人要等到大事不好才改變罷了。人的周遭時時都在改變，人的機能也刻刻都在改變，有執著於現狀，幻想絲毫不變，如何可能？人要是不去適應生命，生命就會低落、沉淪到底。

當我們確定了自己需要改變時，第一件要做的事，就是去實行改變。怎樣實行改變？首先想一想，在我們的生命中，有哪一樣是急於要被改變的。想到了以後，不妨走到鏡子前面，望著鏡子裡的自己，靜靜地告訴自己：「我現在已經知道，所有令我不滿意的情況，都是我自己製造出來的。所以，我一定要改變，把我所有不好的想法、做法都改掉。」

我們並不需要知道實行改變的具體方法，只要誠心去改變，潛意識將會感召改變的因緣，讓我們隨緣而動。我們的思想、一言一行，都能與外界感應、發生影響，而自己最大的力量是在當下，我們現在的思想行為是可以斷定我們的將來。所以，大家不要害怕改變，要勇猛精進，革除一切壞習慣。我們的意念是一樣工具，人在精神方面不只有意念，除意念以外還有很多未發掘出來的智慧和力量。有人可能認為意念操縱自己的一切活動，我們一向以為如此，也習慣於讓自己的意念這樣想。只

是這樣一來，很多人就自然認為意念要怎樣，我們都不能不聽從。其實，我們可以駕馭自己的意念，重新訓練它。意念如果被訓練成功，就可以成為聽從我們的有用工具。當意念成為我們的工具以後，要怎樣使用它都可以。我們現在使用的意念只是個習慣性的意念，而習慣是可以改變的。我們一定要去改變意念，明白意念可以被重新訓練，成為積極的工具。暫時把自己的思想意念停頓，想一想這個概念：「我的意念能成為我的工具，我怎樣去使用它都可以。」

5. 告訴潛意識：最大的錯誤是不敢犯錯

要是想做一件事，就儘管去做好了，別怕犯錯，最大的錯誤是不敢犯錯。

小孩子玩遊戲的時候，總是喜歡變更規則、界限、角色和遊戲方式。他們花在翻新遊戲上的時間，甚至比實際遊戲的時間還多。而成人卻喜歡受人支配，喜歡千篇一律，不創新或改變規則。

競爭會造成限制。如果願意遵守那些固定的規則與觀念，我們的思想就會受制於條條框框，使自己的創造力被封閉。

183

腦內革命：驚人的潛意識力量

打破規則是一種突破思維的方法，它會讓我們更精準、有效地達成目標。具有突破性思考特徵的人，他們和傳統的行業規則格格不入，對每件事都產生質疑，不喜歡墨守成規，偏愛自由灑脫。

運動場上很多運動選手之所以創造佳績，都是因為打破了傳統的比賽方法。如果想改變習慣、嘗試新的挑戰，那就請去突破規則、改變遊戲方法。

改變規則不難，關鍵在於我們有沒有求變的潛意識。一般人遇到沒有把握的狀況常常會猶豫，因為最大的敵人是自己。通常情況下，我們決定「變」還是「不變」的標準應該是：如果從以前的經驗中找不到任何成功的例子，就應該做最壞的打算——得賠多少？只要賠得起，就應該去改變遊戲規則、求變創新。

有時，越是有很多人擁護的東西，我們就越應該改變。絕大多數的人並沒有預見未來，他們只相信現在看到的，認為現在已經做得很好了。其實過去的成就只需留下腳印，而不是讓自己感到自滿。如果自己想改變卻遇到了阻力，別人又不相信我們，最好的解決方法就是做給他看。

最大的風險是不敢冒險，最大的錯誤是不敢犯錯。大多數人之所以不敢冒險不敢犯錯，就是因為他們只相信看得見的事。對於那些還沒見到的事，他們習慣用經驗去分析，而經驗告訴他們的答案往往令他們不敢輕舉妄動。

184

那些成功的人通常具有一種特徵：喜歡做夢，而且不怕嘗試錯誤。他們相信，心中的夢是支撐他們勇往直前的力量。只有不怕犯錯，才能累積成功的資產。因為有了夢想，所以對失敗與風險就能用樂觀的態度面對。而且，這些成功的人，通常是成功了兩次：他們在潛意識裡相信自己已經成功，然後他們真的就成功了。

人的很多潛力是被後天的環境框死的。很多的遊戲規則其實是我們自己定的，結果反而使我們喪失了創造力。工作生活沒有規則是不行的，但過於因循守舊、墨守成規也不行。在適當的時候，要善於改變眾人遵循的遊戲規則。

成長是一個不斷瞄準——射擊——再瞄準——再射擊的過程，如果誰拒絕犯錯，誰就永遠不會有進步。

在一次關於時間管理的課程上，有一位教授在桌子上放了一個裝水的罐子，又從桌子下面拿出一些正好可以從罐口放進罐子裡的鵝卵石。當教授把石塊放完後，問他的學生：「你們說這罐子是不是滿的？」

「是。」所有的學生異口同聲地回答說。

「真的嗎？」教授笑著問。然後再從桌底下拿出一些碎石子，把碎石子從罐口倒下去，搖一搖，再加一些，再問學生：「你們說，這罐子現在是不是滿的？」

這回，他的學生不敢回答得太快。最後，班上有位學生怯生生地細聲回答道：「也許沒滿。」

「很好！」教授說完後，又從桌下拿出一袋沙子，慢慢地倒進罐子裡。倒完後，再問班上的學生：「現在你們再告訴我，這個罐子是滿還是沒滿？」

「沒有滿。」全班學生學乖了，大家很有信心地回答。

「好極了！」教授再一次稱讚這些學生們。之後，教授從桌底下拿出一大瓶水，把水倒在看起來已經被鵝卵石、小碎石、沙子填滿了的罐子。

是的，很多人會說：「對啊！無論我們的工作多忙、行程排得多滿，如果要逼一下的話，還是可以多做些事的。」答案不錯，但我把這個故事有意放在最後，是要把本章的內容總結一下。

我想告訴大家的不僅僅是這些，我還想告訴大家：

在生命中，如果不將大的「鵝卵石」放進罐子裡去，我們也許以後永遠沒機會把它們再放進去了。因為，生命只有一次，光陰不能重來。

我們都很會用小碎石加沙和水去填滿罐子，但是很少人懂得應該先把「鵝卵石」放進罐子裡的重要性。

年輕人每一天都在忙，每一天所做的事情好像都很重要，每一天都不斷地往罐子裡灌進小碎石或沙子，然而到底什麼是生命中的「鵝卵石」呢？

是和我們心愛的人長相廝守，是我們的夢想，還是值得奮鬥的目標？是教育，還是信仰？

這些都是，也可都不是，畢竟世界上根本就沒有標準答案。

我說，成長的信仰──那些引領我們穩健快速成長的觀念和信念，才是我們生命中的「鵝卵石」。畢竟，我們都是年輕人。年輕只有一次，成長不能重來。

成功不是在戰場上贏得獎章之類的東西，

而是每次摔倒後再站起來的能力。

第九章
用潛意識來激發成功

1. 用潛意識開發想像力與創造力

假設一個人目前沒找到任何的工作，他一定很希望知道如何才能夠在既沒有錢又憂心忡忡的情況下開始改變自己，從而改變目前尷尬的處境和心急如焚的心情。

有一種方法是專門為那些決心從現在開始改變處境的人而準備的，不過要是欺騙自己、半途而廢或只是想聽天由命的話，那麼這種辦法就不會產生任何作用，因此我們對自己的思想控制是最為關鍵的一個環節。

每天早晨洗漱完畢後，回到床上平靜地躺上半個小時，聽一段放鬆的音樂，最好是關於激勵人如何奮進的音樂。在此過程中，深呼吸十次，然後開始想像：自己正在專心致志地工作，並且堅信所做的工作能夠帶給我們很多的幸福和自信。在想像時，要培養自己內心的快樂感覺，同時也要盡可能覺得就像生活在現實中一樣。

還可以想像上司正在因為我們為公司做出的卓越成績而向我們表示祝賀。許多同事正在握住我們的手，或者十分友好地拍我們的肩膀，向我們表示佩服和景仰。想像自己打開一瓶上好的香檳酒，和家人一起慶祝自己有了一份收入非常不錯的工作。

大膽的開發自己的想像力和創造力，每天溫習這些情景，盡力而做。當然，大家也可以睜開眼睛進行想像，譬如在花園裡工作或散步的時候，都可以充分想像這

190

些美好的能夠改善心情的情景。每次做完這些以後，就可以大聲地告訴自己：「為了我剛才經歷過的一切，我應該感謝我的潛意識。我相信自己體內聚集的力量，它能夠創造出奇蹟，並且從我生命的第一分鐘起，它始終在無微不至地引導著我，我的思想與作品都是前人從來沒有創造過的。我該為此感到自豪，並且一定要發揮出它的巨大作用和無窮能量。」

在開始訓練潛意識時，希望我們能夠用一個月的時間去忘記過去經常參加的一些聚會，忘記掉每天牽腸掛肚的那些電視節目，專心致志地去「想像」自己想要的工作，避免各式各樣的消極論調和思想打擊。

我們還可以選擇一些介紹積極人生思想方面的書籍，有時間就拿出來讀一讀，而不是經常看一些有關凶殺、暴力等對感官有極度刺激效果的電視劇或者電影，當然更不能留意那些與失業有關的新聞或者消息。如果有人不斷地想用所謂的事實去說服我們放棄，若是我們警告對方三次仍然沒有效果的話，就毫不猶豫地把他趕出我們的屋子。因為我們的潛意識正在積極地工作，不是成功，就是完全放棄。這是因為我們每天都是自己思想的一面鏡子，我們所處的環境當然主要都是要由自己經營的。如果它像泥沼一樣，我們就必須立即脫身出來，假如家人或者朋友想要阻止我們，那麼就要拒絕他們，因為失敗而受到損失的只有自己而沒有其他人。

用這種方式自我訓練一個月到六週的時間，我們會慢慢地確信自己開始變成另外一個人了。潛意識賦予我們越來越多的積極情感的自信心，使得我們對自己的未來重新定位，對自己的能力重新認識並試圖挖掘它，對未來就會充滿信心和勇氣。

在這段時間裡，無論如何不要停止多去幾個公司應聘，即使遭到無情拒絕也絕不要灰心喪氣，因為已經知道未來就是我們頭腦中想像的那個樣子，所以信心要一天比一天強才可以。

如果仍然對這種方式表示懷疑和不可信的話，那麼不妨回過頭來想一想，在生活中是不是有些事情如自己所願，而且不為任何人所左右而實現了？當時在想像中，我們也看到了事情的結局，而且在願望變成現實以後，我們也曾經說過自己早知道會成功的這樣的話，那還有什麼理由能夠阻止我們去實施這種為恢復信心而發掘潛意識的力量的做法呢？

2. 時刻在心裡進行反省

小時候，我們常常企望到某個地方去，但是一直沒有機會，以為是去不成了。

但是，如果你突然可以去時，你是否還記得你當時所發出的驚訝聲音？「哦，可以去嗎？」那時你必定會大聲喊叫出來。「我可以當一個成功的人」這句話，想必也可以用這種感情講出來。

有一個人，已經到了該還債的期限。而他的債款是一筆相當龐大的金額，按照他那個時候的經濟狀況來說，無論如何也找不出合理的解決辦法。這時，他對自己提出了一個質問，那個質問竟然完全改變了他的想法，指引他走向成功之路。

我們來看看他的質問到底是什麼。

他是這麼說的：「大部分的人都能還債，為什麼我做不到？」到了晚上，這個人輾轉難眠，一直在分析自己的心理狀態。在黑暗中，他不斷地把自己的情況和境遇較好的人比較，無論怎麼比，他發現自己缺乏的就是一股「我可以做得好」的決心。

在黎明的曙光到來之際，那種人生的寶貴秘訣霎時顯現在他的腦子裡。平時，他要是在夜裡睡不著，第二天黎明往往疲憊得爬不起來。今天，他反常地一躍而起，就好像是一個正要去遠遊的小孩子一樣的興奮。後來，他不僅還清了全部債款，還獲得一筆很大的收入。

當我們面臨各式各樣的困境時，多說「我可以辦得到我就能成功」這樣的話，對我們將有很大的幫助，直到牢牢地記住從內心接受為止。相信那時，我們的潛能也就會汩汩而出。

世界上沒有任何兩片樹葉、兩朵雪花是完全相同的，我們的指紋、聲音和基因也是如此。因此可以肯定，我們每一個人都是獨一無二的人。

然而，儘管歷史上從來沒有完全和我們一樣的人存在過，但是我們還是習慣於將自己與別人相比。我們把他們作為標準來衡量自己的成功，我們常常在報紙上讀到某人的偉大成就，然後很快就拿來與自己比較，然後內心得到一點安慰或遺憾。

不斷地拿自己與別人相比，只能使我們對自我形象、自信及取得成功的能力產生負面影響。應該向一個人請教自己的能力是否得到了充分開發——這個人就是自己。把自己與別人比較是毫無意義的，因為我們根本不知道別人在生活中的目標與動力及別人獨一無二的能力。別人有別人的才能，我們有我們的才能。

我們常常認為才能就是音樂、藝術和智力方面的天賦，但實際上，人人都有奇妙的、被忽視的才能，諸如熱情、耐力、幽默、善解人意、交際才能等，它們是可以幫助我們取得成功的強而有力的工具。人都是獨一無二的，使我們獨一無二的是透過思想意識作用在自己內部帶來變化的能力。我們對自己的認識、對自己的定位

194

及我們將要實現的目標決定著我們在這個世界上的獨特的位置，決定著我們潛能的發揮程度。

科學家認為，人的一半的個性與能力來自基因的遺傳，另外的一半則不取決於遺傳，而取決於創造與發展。如果能夠透過創造與發展改變自己，我們最希望的變化是什麼呢？當然，我們必須承認有些事情是我們無論如何積極思維也無法改變的，比如身高、眼睛、膚色等，但是我們卻可以改變對它們的看法，這是一種優良的品質。我們常常聽到有人說：「我沒什麼特別。」實際上，每個人都是很特別的，如果不相信這一點，那麼便沒有什麼人有特別之處了。

嬰兒受到極大的讚美和無限的喜愛，大人們說他如何了不起，用這種積極的強化了的訊息來發展他的心靈。但是，隨著年齡的成長，這種過程被慢慢地抑制下來。當我們受到別人的讚美時，第一反應就是謙虛一下，久而久之，謙虛也便深入了我們的潛意識，我們逐漸學會了協調與適應。

當我們出去玩耍的時候，不願意使自己突出於人群，不願意自己和別的孩子有什麼不同，希望成為一個普通人。在以後的生活中，我們尋求停留在這種形象的界限之內，因為這樣最安全。我們已經忘卻了改變自己的能力，無意中壓抑了自己的潛能。

「我是誰？」對這個問題清晰的理解與意識就是我們的個性。如果有一個清晰的自我形象，那麼便不會給自己貼上標籤。不要被我們的工作、住房、汽車或衣服限定住，人不是這些東西的總和。成功者相信的是自己，他們取得成功的潛力不依賴於地位或者身分，而依賴於他們自身實現目標的信心和決心。

有位老人臨終前躺在床上，對他的妻子反省說：「年輕時，我決心改造這個世界，我到各種地方，向人們講述如何生活、應該做什麼。」他接著說：「看來是沒有產生什麼作用，因為沒人聽我說什麼。於是，我決定先改變我的家人，但是使我迷茫的是，我的家人對我的話也不理會，他們也沒有發生任何我所冀求的變化。」他停頓了一下，歎息道：「只是到了現在，我生命中的最後幾年，我才認識到，我真正能夠影響到的唯一的人就是我自己。如果我想改變這個世界，應該從改變自我開始。」

沒錯，改變世界先從改變自己開始。要改變自己，就要先認識自我。透過老人的反省，我們可以看出一個人的想法可以影響他的本領是大是小。因此，我們應該要想像自己真正有那麼大的本領，千萬不可低估了自己的能力。

3. 人人都有成功的本能

「事情本該如此！」「那是偶然而已。」「我從來都沒有遇到這麼好的運氣。」是否有人經常口出此言呢？據說若一個人做他經常做的事情，那麼得到的便是他經常得到的東西。我們的思維習慣在潛意識裡決定著我們如何反應及如何行動。

只有當我們堅定地相信自己總是一個失敗者的時候，才總是會失敗；如果我們執著信仰的任何東西都會對自己的潛意識產生影響，進一步地說，潛意識不能區分事實與虛擬，只會以鼓勵或限制行動來打破這種觀念，我們便能夠打倒失敗。我們

繼續不斷地強化我們在潛意識中的自我形象。過去的已經過去，我們無法改變。必須接受的事實是，隨著事物的變化，我們也必須變化。

然而，人們一旦得到提升，伴隨著新的責任與期盼的是一種焦慮，當要求變化時，他們便會加以拒絕。因為從以往的經驗來判斷這件要求變化的事情，他們認為沒法做。他們就像是美麗的籠中鳥，被主人禁閉起來加以餵養。主人死去後，鄰居走過來打開鳥籠，說：「好了，你現在自由了。」但是那隻鳥卻站在鳥籠的小門裡，四處張望，自言自語：「我就留在這裡吧。因為這是我所知道的世界，儘管它有各種侷限，但我在這裡是安全的。」牠不知道鳥籠外面是一個充滿機會、值得探索的

奇妙世界。

很多人在面試時感到害怕，總是想起過去被拒絕的情形，對失敗的回憶在潛意識中造成了緊張的感情反應，從而導致頭疼、煩躁易怒等很多問題的出現。越是緊張越無法在面試中表現自己，當壞消息到來時，我們便會完全信服了自己的預言似的說道：「我知道自己根本就得不到那份工作！」

事實上，不是注定得不到那份工作，不是注定不能成功，而是我們心中的英雄尚在沉睡。什麼是英雄？英雄是那些敢於去做或者是使他在本性上感到害怕之事的人，他們所做的事是需要勇氣的，英雄的行為是受到人們的讚揚，其品格堪稱典範。

每一個人在內心之中都有一個英雄，但已經失卻了和處於休眠狀態的他們的聯繫。

成功不是在戰場上贏得獎章之類的東西，而是每次摔倒後再站起來的能力；相信無論摔倒多少次，我們都能夠再一次站起來的決心和意志。記住：贏家只不過是爬起來的次數比摔倒的次數多一些而已。英雄做的事情看起來不同尋常，但實際上，他們與我們平常人一般無二。當我們在生活中面對令我們恐懼、退縮的事情並且征服它們的同時，只要表現出內在的英雄本色，就會極大地強化我們的自我信念。

潛意識總是趨向於我們所持有的包括自己的目標在內的自我形象。如果堅信自己能夠實現目標，我們便能創造幫助你前行的條件；同樣，如果堅信有什麼不祥之

事要發生，那麼當遇到某種意想不到的挑戰時，我們便會心灰意冷、失去自信心。我們會把這些事件當做預料中的失敗，並加以認同。

習慣於失敗的人在精神上有一種不可逆轉的失敗感，他們在潛意識中形成了不會成功的信念，並使自己的行動在無意識中遵循這種觀念。相反地，成功者卻在精神上有一種堅強的成功感，他們常常在潛意識裡形成了成功者的形象。當我們確定未來目標的時候，當我們夢想未來成功的時候，要積極地去設想一切，要有一個偉大的夢想，要相信潛意識會幫助我們去實現它。

4. 讓身體順從自己的意志

本世紀初，有個愛爾蘭家庭要移民美洲。他們非常窮困，於是辛苦工作，省吃儉用三年多，終於存夠了錢買了去美洲的船票。當他們被帶到甲板下睡覺的地方時，全家人以為整個旅程中他們都得待在甲板下，而他們也確實這麼做了，僅吃著自己帶上船的少量乳酪和餅乾充饑。

過了一天又一天，他們以充滿嫉妒的眼光看著頭等艙的旅客在甲板上吃著奢

華的大餐。最後，當船快要停靠艾黎斯島的時候，這家人中的一個小孩子生病了，做父親的去找服務人員並且說：「先生，求求你，能不能給我一些剩菜剩飯，好給我的孩子吃？」服務人員回答說：「為什麼這麼說？這些餐點你們可以吃呀。」

「是嗎？」這位父親疑惑地問，「你的意思是說，整個航程裡我們都可以吃得很好？」「當然！」服務人員以驚訝的口吻說，「在整個航程裡，這些餐點也供應給你的家人，你的船票只是決定你睡覺的地方，並沒有決定你的用餐地點。」

人們總是會把「了解自己」解釋成「了解自己的消極面」，其實不該如此，而是「要全面了解自己」。為了充分了解自己，應該更進一步做「支配自己本身」的工作。

要讓身體來順從我們的意志，而非讓身體來役使我們，精神應該是身體的主人，身體只是扶持精神，每個人都應該有這種認識。能夠自我支配的人，絕對不會有如下的想法：「我沒有辦法做這件事」，因為他自己認為做得到，才有可能做到。

要支配自己並不困難，首先是要尊敬自己。因為，失去自尊心的人是沒有辦法把握自己的。有許多人就是因為喪失了自尊心，所以不敢前進。這種人總是有意無意地認為自己活在世界上，只配看那些運氣好的人取得成功。如果從事任何工作，

他們每遭遇一次失敗，更會認為自己一輩子也沒有辦法得到成功的幸福。

在經營的事業不大順利時，我們首先會做下面的事情：學習有關企業方面的所有知識，特別關心影響事業的消極因素，然後就會守住積極的一面，去研究那些讓事業活躍起來的原因。如果能這麼做，就能把消極面減少到最低程度。相對的，能把積極的方面擴大，我們的事業一定也能順利發展。若想支配自己，就必須了解自己的缺點，使消極的方面減少，同時也要了解自己的長處，讓積極面擴大。

觀察勾畫出來的自我形象，可能會發現新的事實，自己並非一個十分沒用的人，雖然有許多不太好的特質，但是那些都能在積極面中充分地抵銷掉。克服消極傾向，不要想在短短的一個晚上出現奇蹟。我們到達現在的地位，可能已經花費了好幾年時間。所以，我們應該覺悟，要改變這種局面，需要再花一些時間。仔細地考慮，應該先從哪些消極的方面入手，不要一開始就選擇立即可以完成的項目，也許有些人能一次就全部完成，如果沒有這種自信，不妨先選擇其中幾種試試看。

一定要堅持到底，千萬不要中途退縮，直到完全勝利為止。把最初選出的消極的方面消除後，又能對積極的方面產生作用。所以，不妨一方面繼續消除消極的一面，一方面要挪出時間來發展積極的方面。為了獲得支配自己的意識，必須常常對自己反覆地提醒：「我是我自己思考和作為的主人，我的未來是由自己來創造的。

或許以後我會成就非凡，因為我對未來充滿了健康、樂觀和幸福的憧憬。」

每次在心裡反覆念著這些話，我們就能發現一種不可思議的潛意識的力量。

5. 在心底產生成功的力量

暗示是一種心理影響，它透過使用語言、手勢、表情等，把某種概念或結論輸入一個人的大腦，使之不加考慮地接受某種意見或做某件事情。

心理學家和精神分析學家均指出，一旦某種想法進入潛意識思維中，腦細胞就會獲得訊息，從而留下相應的痕跡；潛意識思維會就人的一生當中所累積起來的知識和想法進行工作，並產生相應的結果。

有心理學家曾經對在催眠狀態下的人進行試驗，他發現：一旦人們接受了暗示，潛意識思維就會依據暗示的內容做出相應的回應。比如，心理學家告訴一個正處於催眠狀態的人，說他就是美國總統華盛頓，或者是一隻貓、一條狗的話，那麼他的個性特徵就會發生暫時性的改變——他相信自己是心理學家所說的那個人或者動物。同樣的道理，如果某個正處於催眠狀態的人被告知說他後背上有條毛毛蟲、

202

他鼻子正在流血或正坐在一個大冰窖裡，那麼，他的身體就會作出相應的反應，而對自己的實際情況視而不見。

再舉一個例子：我們乘坐在一艘行駛在茫茫大海中的航船上，當我們走近甲板上的一個乘客時，他看上去一臉緊張。如果這個時候對他說：「你看上去不大對勁啊，你臉色蒼白得可怕。我看你一定是暈船了，快回臥艙休息吧。」那位乘客聽到這番話，臉色會變得很蒼白，甚至渾身發抖。顯然，我們的「暈船」暗示發揮了作用，乘客將暗示與他素有的恐慌與不祥之感聯繫了起來。他會接受我們的提議，乖乖地回到臥艙裡躺下來休息。

當然，對於同樣的暗示，不同的人可能會做出不同的反應，因為各個人潛意識的狀態有所不同。就像剛才舉的那個例子，如果我們對一個正在甲板上站著的水手說：「嘿，老兄，你看起來臉色不太好，是不是暈船了？」對於這樣一個消極性的暗示，這位經驗豐富的水手必定會以為我們是在說笑話，我們的暗示也根本不會有什麼作用。因為，這個水手從來也沒發生過暈船的現象。那麼，我們這個暈船的暗示，也就不會給他帶來任何恐懼感。所以說，暗示能否真正產生作用，全在於當事者的信心與想像程度。

203

十五至十六世紀，瑞士著名醫師和鍊金術家菲利浦‧帕拉切爾蘇斯曾發明多種化學藥品，對現代醫學的發展有著不可磨滅的功績。他曾說過這樣一段話，值得我們深思。他說：「不管你的信心所訴諸的對象是真是假，你都會得到同樣的結果。」

無獨有偶，與帕拉切爾蘇斯生活在同一時代的義大利著名哲學家比魯索‧鮑姆納思也說過：「自信和想像這兩種稟賦一旦結合，就能為醫療事業帶來革命性的奇蹟。」不論是著名醫生還是哲學大師，他們都熟知一個道理：如果一塊骨頭被視為聖人遺骸且具有神奇療效，而患者也對此深信不疑的話，那麼在他身上，就能產生驚人的治療效果。

一個已經七十五歲高齡的老婦人，總是對自己和他人說：「我的記性越來越糟糕了。」這樣過了不久，原本記憶力還不錯的她，真的開始糊塗了。剛剛和她說過的事情，卻馬上就忘記了。當別人提醒她這件事情剛剛和她說過後，她就會感歎：「哎呀，我的記性真的是越來越糟糕了。」她的女兒發現了母親的這一病態，就把她帶到了心理醫生那裡接受心理治療。醫生告訴她，只要每天數次對自己說：「其實我的記憶力很好。只要我願意的話，可以記住任何事物。它們在我大腦中的痕跡一天比一天清晰。當我回憶起它們時，它們的痕跡便會生動地呈現

204

出來，就像剛剛發生過一樣。

有個女孩子，平時總是愛發脾氣，猜疑心很重。家裡人都很怕和她說話，稍不留心就會惹來麻煩。這個女孩子很苦惱，也知道愛發脾氣、猜疑心重不是好事，但是每次都控制不住自己，事情過後又後悔。後來，她接受了醫生的建議，經常對自己說：「我的脾氣其實很好。我每天都充滿了快樂，我和我的家人相處得很好，我很愛他們、他們也喜歡我。我關心他們、體貼他們，我身邊的人都因為我的存在而感到幸福快樂。我的良好的修養和高雅的氣質深深感染了他們。」一個月以後，奇蹟出現了，她成了一個氣質優雅、活潑熱情的好小姐。

暗示的力量無窮，只要能正確運用它，它就會為我們的人生帶來幸福和快樂。

6. 用潛意識創造成功的關鍵

比如我們坐在一間黑暗的儲藏室裡，裡面堆滿了書籍、雜物、相冊等物品，唯一可以照明的東西就是手中的一個手電筒。打開手電筒的開關，將射出的圓形光線

停留在某一個地方，比如高中畢業紀念舞會的留影。這時，我們的腦海裡可能浮現出當時的衣著、狂歡、或者盡情歌唱的景象，甚至可以回想出那天酒醉的情形。想到這些，頓時熱血澎湃，心中充滿無窮的活力。接著，在手電筒的光線中，我們看到了一輛橫在地上的自行車。於是，我們想起了當年和初戀女友一起騎車行在山間小路上的情景，那是多麼溫馨啊。同樣，那只已經生鏽、不能再轉動的手錶，是用第一次打工掙來的錢買的，想起它，彷彿又重新體會到第一次拿到薪水的喜悅，無從遁形。所有這些，正是想像力所產生的作用，它使我們儲存的潛能逐漸得到釋放。

恰如其分的想像，對於身心健康、工作和學習，均可以產生有效的作用。

有這樣一個例子：一個法國學生在讀大學的時候，英語成績很差，幾乎成了英語老師黑名單上的人物。但是出乎所有老師的意料，在大學畢業考研究所的時候，這個英語成績始終是倒數的學生竟然考出了高分，這讓所有的老師感到驚訝。

於是，別人問他學英語有什麼訣竅，他說：「我沒有什麼訣竅，只是每天當我學英語遇到困難，或者學習進展不大時，我就把我自己想像成一個能用英語熟練流暢地演講的演說家。無論白天還是晚上，我都這麼想。說來也奇怪，自從那以後，我的英語水準竟然有了明顯的提高。」

這個英語成績很差的學生，透過合理的想像，使他的潛意識產生了相應的能量，使他獲得了必勝的心態。相反地，如果這個學生總把自己想像成一個英語低能兒，恐怕就不會那麼快提高英語成績了，還有可能永遠都學不好英語。想像是潛意識的「刺激物」，就像恐懼感可以帶來刺激，使人迅速產生腎上腺素一樣。假如在山上突然看到一隻大黑熊，而牠也發現了我們，黑熊的眼中頓時發出可怕的光，好像要吃掉我們的樣子。我們害怕極了，強烈的恐懼心理，能夠引發體內機制的活躍性，心臟會加速跳動，而一種強有力的肌肉刺激物──腎上腺素，將加入血液循環。

於是，與奔跑無關的一切功能暫時中止，胃部停止工作，全身可以利用的血液霎時間全部供給了肌肉，我們的呼吸更加急促，肌肉所得到的氧氣供應也迅速地成倍增加。這一切，可以使肌肉開足馬力，產生前所未有的奔跑速度。

透過想像，我們的大腦和神經系統會對「環境」做出自動的反應，並促發潛意識思維產生效果。所以，如果能想像自己在以某種方式行事，我們就可以形成相應的行為、感覺和舉止。這正是潛意識思維具有的某種「創造性機制」的結果。同時，也當我們從事某項工作時，不要瞻前顧後，對自己的能力心存懷疑、缺乏自信。這時，我們的不要過分地用意志強迫自己：我一定要做好，否則就不饒恕我自己。這時，我們的潛意識思維很可能出現「逆反心理」，越想做好，實際上就越做不好。這時，應該

讓自己放鬆心情，在頭腦中想像我們所要達到的目標和結果，與此同時，還要勤奮工作，確保潛意識思維沿著正確的「軌道」向前推進。

建議我們每天抽出半小時的時間，排除一切干擾，盡量放鬆神經，讓自己感到舒適。然後，閉上眼睛，鍛鍊自己的想像力。我們要「看到」自己的行動積極、自信、富有成效，忘記過去的種種挫折和失敗。如果我們一向怯懦、畏縮，就想像著自己面對公眾時鎮定自如、瀟灑得體的情景。如此一來，我們的潛意識就會建立起新的「記憶」或相關存儲資料，從而使我們獲得滿意的結果。

7. 消極是發揮潛能的頭號敵人

如果我們以積極的心態發揮自己的能力，並且相信成功是自己的權利的話，信心就會使我們成就所制訂的明確目標。但是，如果我們接受了消極心態，並且滿腦子想的都是恐懼和挫折，那麼得到的也只能是恐懼和失敗而已。恐懼多半是心理作用，但是確實存在，並且是發揮潛能的頭號敵人。行動可以治癒恐懼、猶豫、拖延，則只會助長恐懼。當我們感到恐懼的時候，朋友們常會善意地說：「不要擔心，那

只是你的幻想，沒有什麼可怕的。」這種安慰可能會暫時解除我們的恐懼，但並不能真正地幫我們建立信心、消除恐懼。

那麼，應該怎麼做才能遠離可怕的事呢？最好的方法是與潛能連接。潛能擁有無限的能力，若能和潛能連結就可得到其無限力量的供給，並感到很安心。這時候，自覺程度如果和潛能成正比，就可以得到能力的供給。這種自覺並不是靠聊天或者聽別人談論就可以了解的，而是自己心裡必須十分明白已經到了什麼程度，也就是說，是整個內心的自覺。如果我們能和潛能協調而生活，那麼任何東西都無法從外在來攻擊我們。意思也就是把心念轉換過來，時常往好的方面去想。

即使在公司裡長期擔任低級職員，也不能這樣想：我一輩子注定就是低級職員。因為，這種習慣性的思想會在心靈深處播下壞種子；所以，應該脫離這種習慣性的壞思想，而去夢想著將來自己也可擔任董事長。過去一直在人際關係上不得志的人，也應該除去「反正我就是不順利」的壞想法，而應想著「凡事我一定都是順利的」。

積極的心態這一看不見的法寶會產生驚人的力量。它能讓我們獲得財富，擁有幸福，健康長壽；可以使我們達到人生的頂峰，並且逗留於此，盡享人生的快樂與美好。

一個年輕的推銷員有了一些銷售經驗後，就定了一個特殊的目標——獲獎。

要想做到這一點，他至少要在一週內銷售十次。到星期五的晚上，他已經成功地銷售了八十次，離要求還差二十次。這位年輕人痛下決心：什麼也不能阻止他達到目標。和他同組的另一位銷售員在星期五就結束了一週的工作，他卻在星期六的早晨又回到了工作崗位。到了下午三點鐘，他還沒有做成一次買賣。這時，他記起了自己的自勵警句，並熱情地把它重複了五次：我覺得健康！我覺得愉快！我覺得自己大有作為！

大約在那天下午五點鐘，他做了三次交易。這距離他的目標只差十七次了。

一句話縈繞在他的腦海：成功是由那些肯努力的人所取得的，並為那些積極而不斷努力的人所保持的。他又熱情地再重複幾次：我覺得健康！我覺得愉快！我覺得自己大有作為！大約在那天夜裡十一點鐘時，他疲倦地上了床，但是很愉快，因為那天他做了二十次交易！他達到了他的目標，贏得了獎品，並且學到一條道理：積極的心態能把失敗轉變為成功。

第十章
用潛意識來提高生活幸福指數

1. 用愛去體會人與人之間的眞情

運用潛意識思維，可以使我們獲得和諧的人際關係。作為個體，要學會對自己加以觀察和研究，觀察對他人、身邊事物及各種事件的反應。我們應注意別人的反應與自己相近、相同還是大相逕庭，我們與他人的反應或看法是否相同，你如何表現自己對於他人的態度或想法，這種表現是否有利於我們與他人的相處與合作等。

琳達是某公司辦公室的秘書。她非常討厭公司裡的幾個女同事，覺得她們常常在背地裡說三道四、傳播有關她的壞話。「她們是故意和我過不去的。」琳達說。談及那幾個女同事時，她的言辭與聲音中充滿不屑、蔑視與厭惡的味道。

事實上，公司裡的多數人對我們有微詞，除了可能存在某種誤解之外，也很可能是我們自身的確出了問題。比如，我們是否在潛意識當中對他人懷有戒備與敵意呢？有人或許有這樣的體會：當他對一隻狗恐懼或憎惡時，狗同樣會對他流露出敵意，或是大聲狂吠，或是主動進攻，因為一個人內心的情感總會無可掩飾地表現出來。在某種意義上，正是我們的潛意識「刺激」了它的情緒，從而做出相應的反應。同樣，倘若我們對某人懷有憎惡之情，那麼在言談舉止中總會不由

自主地流露出來。如果這種情感總是難以得到排除，就會影響我們的一生，使我們難以獲得良好的人際關係。

在接受心理醫生的建議後，琳達開始做自我心理暗示，以求消除她與幾位女同事之間的矛盾與敵意。她也經常反思自己個性中的消極因素，諸如喜歡亂猜疑、對他人抱有成見等。很快地，她的生活發生了改變，人們發現，她竟然是個非常可愛的小姐，而且樂於與人合作，開始對她有了很好的評價，並希望與她成為知己，包括曾經與她頗為生疏的那些女同事。

每個人都有不同的人生經歷，每個人都有不同的氣質和個性，每個人都有不同的思想和觀點。因此，人與人之間的矛盾、衝突總是會發生的。然而，每個人都有人類的共性，都有共同的需求、共同的利益、共同的願望，因此，只要我們求同存異，不必要、無意義的激烈衝突就可以避免，人們彼此之間就能夠友好相處。

是的，我們有時難免與他人產生摩擦或衝突。人際交往中許多爭論和摩擦，往往都是一些雞毛蒜皮之事，不必要過分認真，應當學會求同存異、克己忍讓。這樣，才能使我們擁有更多的朋友，擁有更美好的生活。而且，如果我們的心理屏障強韌有力，別人的言行就不會真正對我們造成刺激或傷害。這取決於你本人的思維

模式。例如，別人的話語使我們大生其氣，乃至暴跳如雷，那麼我們的思維必是完成了這一程序：我們開始認真思考對方所說的話，並且做出結論，認為它「難以接受」。於是，潛意識裡產生了真抗的情緒，使我們決定採取更為激烈的舉動。如果我們在情緒控制方面已臻成熟的話，對於他人的批評、憎恨或敵意自可泰然處之。這不僅可以使我們保持一份從容不迫的器度，而且使潛意識不致受到損害，讓頭腦永遠處於寧靜與和諧之中。

成功的人際關係，首先需要我們與他人之間互致「愛」的信念。愛，意味著尊重，意味著給予對方盡可能發自內心的關懷與體貼。什麼是「愛」？愛，是抽象的，也許是一個女神，儘管從來沒有人見過它的本來面目。現實中，愛只有行動——愛是一種創造性的行為。不管對方是一個人、一棵樹、一張畫還是一種想法，它都包含關心、認識、了解、信任對方的意思。愛意味著喚醒全部的活力，使自己生氣勃勃，進而熱愛自身、熱愛他人。愛是一個讓人不斷維新和成長的過程。

因此，在構建成功的人際關係中，要建立「愛」這一前提。如果一個人被他人接受，而且是完完全全地被接受，獲得體貼、關愛和同情，這個人就能夠丟開防範與戒備心理，產生正視自己的勇氣，把同樣的情感給予施予者。

事實上，一旦我們和一個人親近起來並了解到他的想法、情感和感覺的時候，

他就不僅變得可以理解，而且看上去善良、友好、頗具吸引力。因為其潛意識獲得了安全感，從而自覺地對我們表示出親近之態。當我們能夠更進一步行動，把全部自我以及內心的動力、熱情、態度和價值觀念都能夠彼此給予對方時，就可以形成一種相當和諧而完美的關係，打破造成彼此之間相隔絕的堅冰。此時，我們之間所擁有的，正是心靈與潛意識所賦予的某種微妙的感覺。這種感覺是愛也是某種激情。而實際上，相對於情感來說，人的理性顯得那樣脆弱、渺小、微不足道，彷彿只是滄海一粟。

真正的愛的核心，是對他人的尊重。有這樣一個故事：

有一個紐約商人，看到一個衣衫襤褸的鉛筆推銷員，頓生憐憫之情。他把二十塊錢丟進了賣鉛筆人的懷中，就走開了。但他忽然又覺得這樣做不妥，就連忙趕回來，從那人手中取走幾枝鉛筆，並抱歉地解釋說，他付了錢，卻忘記取走鉛筆，希望對方不要介意。他還說：「你跟我都是商人，你有東西要賣，而且上面也有標價。」

幾個月過後，在一個社交場合，一位穿著整齊的推銷員走到這位紐約商人面前，自我介紹說：「你可能已經把我忘記了，我也不知道你的名字，但是我卻永

遠也忘不了你。你就是那個重新給了我自尊的人。我一直覺得自己是個推銷鉛筆的乞丐，直到你走來並說我是一個商人為止。」

這個故事告訴我們，尊重他人的尊嚴與價值有多麼重要。人是一種複雜而矛盾的存在。人以自我為中心，但又不可避免地要與自己的同類交往；人是自私的，但又可以做到最高的無私；人為自身的需要所控制，但又會發現，只有使自己與自身需要以外更廣泛的東西聯繫起來，他的生活才會有意義。這是人的自我中心主義和道德傾向之間的緊張衝突。我們要以真情示人，因為內心的情感，是會很自然地表現出來，幾乎沒有任何辦法隱瞞。

假如我們和某人見面，就要緊緊握住對方的手，真誠地說「很榮幸能夠認識你」或「我很高興再見到你」。我們的情感應發自內心，那種畏畏縮縮的握手方式還不如不握。同時，我們的微笑也要活潑一點，不要那麼僵硬，而且眼睛要配合自己的微笑。當別人說「謝謝你」的時候，也要真心實意、發自肺腑。我們的談話要生動悅人。著名的語言學權威班德爾博士，在他的《如何使你的談吐高雅》一書中提到：

「你說的『早安』是不是讓人覺得很舒服？你說的『恭喜你』是不是出自真心？你說『你好嗎』時的語氣，是不是讓人喜悅？除非當你說話時，能自然而然地滲入真

216

誠的感情，否則，你的談話就是一種失敗。」

一般來說，說話自信的人都會受到別人的歡迎。當我們說話很有活力時，自己也會變得很有活力。因為這種活力會使我們的潛意識受到感召，從而發揮作用。我們生活在一個快節奏的社會中，大多數人來去匆匆，一心想著完成自己的任務，往往疏於騰出時間與自己所接觸的人認真談天。如果能夠這樣做，並以積極的方式給他們以關懷、幫助，我們就能使其感覺到人生更有價值，他們也會給予我們對等的感激和情感。這種情感能夠讓我們的行動與思維更為活躍，慢慢獲得人生美滿、富足的感覺，我們的信心也將與日俱增。每個人都有一種潛在的欲望，即希望別人感覺到自己的重要性，這是一種天生的「自我意識」。如果能夠滿足他人這一欲望，他們就會對自己產生更多的信任，也會感激我們的賞識之情。正如愛默生所說：

「尋找每個人身上最好的品質。最差勁的人身上自有長處，最完美的人身上也有缺點。你的眼睛盯住什麼，你就能看到什麼……人際關係最確定的規律之一，就是在真誠的幫助別人之後，同時也幫助了自己。」

2. 學會在潛意識裡原諒自己與他人

《讀者》上有這麼一個故事——採訪上帝。全文如下：

我在夢中見到了上帝。上帝問道：「你想採訪我嗎？」

我說：「我很想採訪你，但不知道你是否有時間。」

上帝笑道：「我的時間是永恆的。你有什麼問題嗎？」

我問：「你感到人類最奇怪的是什麼？」

上帝答道：「他們厭倦童年生活，急於長大，而後又渴望返老還童。他們犧牲自己的健康來換取金錢，然後又犧牲金錢來恢復健康。他們對未來充分憂慮，但卻忘記現在；於是，他們既不生活於現在之中，又不生活於未來之中。他們活著的時候好像不會死去，但死去以後又好像從未活過……」

上帝握住我的手，我們沉默了片刻。

我又問道：「作為長輩，你有什麼經驗想要告訴子女的？」

上帝笑道：「他們應該知道不可能取悅於所有人——他們所能做到的只是讓自己被人所愛。他們應該知道，一生中最有價值的不是擁有什麼東西，而是擁有

什麼人。他們應該知道，與他人評比是不好的。他們應該知道，富有的人並不擁有最多，而是需要最少。他們應該知道，要在所愛的人身上造成深度創傷則要幾秒鐘，但是治療創傷則要花上幾年時間。他們應該學會寬恕別人。他們應該知道，有些人深深地愛著他們，但卻不知道如何表達自己的感情。他們應該知道，金錢可以買到任何東西，卻買不到幸福。他們應該知道，得到別人的寬恕是不夠的，他們也應當寬恕自己。」

這雖然是一則小故事，但道理十分深刻。無論對於別人還是對於自己，這一點很清楚：在一個人身上造成深度創傷只要幾秒鐘，但是治療創傷則要花上幾年時間。我們能做到的、最能夠把握的莫過於讓自己被人愛、寬恕別人。

我們每個人的生命都自成一個宇宙，它高深莫測。而人生其實就是對這個宇宙的一次探險，在這中間充滿了驚險與挑戰。這是一個不斷奮鬥、不斷感到茫然、不斷收穫，又不斷感到失望與不滿的過程。

每個人都走在人生之路上，別忽略了一路的良辰美景！

人生苦一些不怕，窮一點也不要緊。怕只怕為了一種虛妄的目的、一種也許永遠都無法實現的幻想，卻完全忽視了對生命本身的擁有和真愛。

我們每個人心中都有一座美麗的大花園。如果我們願意讓別人在此種植快樂，同時也讓這份快樂滋潤自己，那麼我們心靈的花園就永遠不會荒蕪。

貝爾太太是美國一位有錢的貴婦人，她在亞特蘭大城外修了一座花園。花園又大又美，吸引了許多遊客，他們毫無顧忌地跑到貝爾太太的花園裡遊玩。

年輕人在綠草如茵的草坪上跳起了歡快的舞蹈，小孩子跑進花叢中捕捉蝴蝶，老人蹲在池塘邊垂釣，有人甚至在花園當中搭起了帳篷，打算在此過他們浪漫的盛夏之夜。貝爾太太站在窗前，看著這群快樂得忘乎所以的人們，看著他們在屬於她的園子裡盡情地唱歌、跳舞、歡笑。她越看越生氣，就叫僕人在園門外掛了一塊牌子，上面寫著：「私人花園，未經允許，請勿入內。」可是這一點也沒用，那些人還是成群結隊地走進花園遊玩。貝爾太太只好讓她的僕人前去阻攔，結果發生了爭執，有人竟拆走了花園的籬笆牆。

後來貝爾太太想出了一個絕妙的主意，她讓僕人把園門外的那塊牌子取下來，換上了一塊新牌子，上面寫著：「歡迎你們來此遊玩，為了安全起見，本園的主人特別提醒大家，花園的草叢中有一種毒蛇。如果哪位不慎被蛇咬傷，請在半小時內採取緊急救治措施，否則性命難保。」最後告訴大家，離此地最近的一

家醫院在威爾鎮，驅車大約五十分鐘即到。

這真是一個絕妙的主意，那些貪玩的遊客看了這塊牌子後，對這座美麗的花園望而卻步了。可是幾年後，有人再往貝爾太太的花園去，卻發現那裡因為園子太大，走動的人太少而真的雜草叢生、毒蛇橫行，幾乎荒蕪了。孤獨、寂寞的貝爾太太守著她的大花園，她非常懷念那些曾經來她的園子裡玩得快樂的遊客。

籬笆牆是農家用來把房子四周的空地圍起來的類似柵欄的東西，有的上面還有荊棘，不小心碰上會扎人。籬笆牆的存在是向別人表示這是屬於自己的領地，要進入必須徵得自己的同意。貝爾太太用一塊牌子為自己築了一道特別的籬笆牆，隨時防範別人的靠近。這道看不見的籬笆牆就是自我封閉。

自我封閉，顧名思義就是把自我侷限在一個狹小的圈子裡，隔絕與外界的交流與接觸。自我封閉的人就像契訶夫筆下的裝在套子中的人一樣，把自己嚴嚴實實包裹起來，因此很容易陷入孤獨與寂寞之中。自我封閉的人在情緒上的顯著特點是情感淡漠，不能對別人給予的情感表達做出恰當的反應。在這些人臉上很少能看到笑容，總是一副冷冰冰、心事重重的樣子。這無形之中在告訴周圍的人：「我很煩，請別靠近我！」周圍的人自然也就退避三舍、敬而遠之。

這種人得到的後果是什麼呢？在封閉自己的同時，也使快樂和幸福遠離自己。

打開自己的心靈的籬笆，讓陽光進來，讓朋友進來，就如開始所說的，心靈的花園就永遠不會荒蕪。

如果仔細觀察周圍，我們就會發現，在我們寧靜的生活中，大多數人都是親切、富有愛心的，也是寬容的。如果我們犯了錯，而且真誠地要求他人寬恕時，絕大多數人不僅會原諒我們，他們也會把這件事忘得一乾二淨，使我們再次面對他們時一點愧疚感也沒有。

可貴的是，我們這種親切的態度對所有人都一樣，沒有人種、地域、民族的分別，但只對一個人例外。誰？沒錯，就是我們自己。

也許有人會懷疑：「人類不都是自私的嗎？怎麼可能嚴於律己、寬以待人？」是的，人總是會很容易原諒自己，不過，這只是表面上的饒恕而已，如果不這麼自我安慰的話，如何去面對他人？但在深層的潛意識裡，一定會反覆地自責：「為什麼我會那麼笨？當時要是細心一點就好了。」或是：「我真該死，這樣的錯怎能讓它發生？」

如果還不相信，請再想想自己有沒有犯過嚴重的錯誤。如果想得出來的話，那一定有過這類錯誤，而且耿耿於懷，沒有真正忘了它。表面上，我們原諒了自己，

實際上是將自責收進了潛意識裡。

我們可以對他人寬大，難道就沒有資格獲得自己這種仁慈的對待嗎？

沒錯，我們是犯了錯。但除了上帝之外誰能無過？犯了錯只表示我們是人，不代表就該承受如下地獄般的折磨。我們唯一能做的是正視這種錯誤的存在，由錯誤中學習，以確保未來不會發生同樣的憾事。接下來就應該獲得絕對的寬恕，再下來就得把它忘記，繼續往前進。

人的一生中犯的錯誤可多了，要是對每一件事深深地自責，一輩子都揹著一大袋的罪惡感過活，還能奢望自己走多遠？

犯錯對任何人而言，都不是一件愉快的事情，一個人遭受打擊的時候，難免會格外消沉。在那一段灰色的日子裡，我們會覺得自己就像拳擊賽失敗的選手，被那重重的一拳擊倒在地上，頭昏眼花，滿耳都是觀眾的嘲笑和失敗的感覺。在那時候，我們會覺得簡直不想爬起來了，覺得你已經沒有力氣爬起來了。可是，我們會爬起來的。不管是在裁判數到十之前還是之後。而且，還會慢慢恢復體力、平復創傷，我們的眼睛會再度張開來，看見光明的前途。我們會淡忘掉觀眾的嘲笑和失敗的恥辱，會為自己找一條合適的路——不要再去做挨拳頭的選手。

瑪麗‧科萊利說：「如果我是塊泥土，那麼我這塊泥土也要預備給勇敢的人來

踐踏。」如果在表情和言行上時時顯露著卑微，每件事情上都不信任、不尊重自己，那麼就得不到別人的尊重。

造物主給予人巨大的力量，鼓勵人去從事偉大的事。這種力量潛伏在我們的腦海裡，使每個人都具有宏韜偉略，能夠精神不滅、萬古流芳。如果一個人不盡到對自己人生的職責，在最有力量、最可能成功的時候不把自己的力量施展出來，那麼就不可能成功。

記住，寬恕、忘懷、前進。只有寬恕自己，才能把犯錯與自責的逆風化為成功的推力。

我想每個人都聽過這句話：生氣是拿別人的錯誤懲罰自己。然而真正能做到不生氣的人恐怕沒有吧？不生氣真的很難。比如走在路上被人潑了水，雖然他一個勁地道歉，我們也明白人家不是故意的，可是看著自己濕漉漉的衣服，還是忍不住抱怨：真可惡，我們怎麼這麼倒楣？於是，一整天都在想這件事，又後悔不已：早知道就早點或延遲出門。總之，到頭來還是在生自己的氣。現在想一想，真是不值得，反正已經被潑了，再怎麼抱怨、後悔都沒用，衣服還是濕的。那麼倒不如這樣想：也許我穿這件衣服不好看呢，不是常說遇水則發嗎？這樣一來，快樂指數就上來了，回家換件衣服，重新開始新的一天。寬恕了他人，寬恕了這件事，不就等於寬恕了

自己嗎？為什麼要為了一件已經無法挽回的事而破壞自己一天的情緒，浪費24小時呢？不過，說著容易做著難，不管怎樣，要盡量寬恕，只求寬恕該寬恕的事和人，讓自己變得開心一點。

過失，尤其是我們自己對過失的自我譴責和反省，更被認為是富有意義的。當一個人下決心接受截肢手術時，一定不再把他的殘肢視為值得保留的軀體的一部分，而是把它當做多餘、對生存形成威脅、必須捨棄的廢物。在臉部整型手術中，沒有部分、試驗性或折衷的治療手段，疤痕組織必須完全地根除，傷口才能徹底地癒合，對傷口要給予特殊保護，以確保面容的每一個部位都得到恢復，使臉部恢復到損傷以前。醫療上的根除並不困難，困難的是自己要有樂於拋棄自我的情感，困難的是自己樂於無保留地消除精神上沉重的債務。我們覺得難以寬恕自己，只是因為我們往往從自我譴責中尋找一種安全感，我們常常透過保護自己的傷口獲得一種反常、病態的樂趣。只要我們譴責他人，就會產生居高臨下的優越感。沒有人能否認，自我譴責給人帶來的是一種虛幻的滿足。

實際上，做到不生氣並不難。心理醫學研究證明，一個人心情舒暢、精神愉快，中樞神經系統處於最佳功能狀態。那麼，這個人的內臟及內分泌活動在中樞神經系統調節下處於平衡狀態。使整個機體協調、充滿活力，身體自然也健康。

在生活的不幸面前，應保持冷靜的思考和穩定的情緒，遇事冷靜，客觀地作出分析和判斷。

要多方面培養自己的興趣與愛好，如書法、繪畫、集郵、養花、下棋、聽音樂、跳舞、打太極拳等，從事這些活動，可以修身養性、陶冶情操。

對自己要有自知之明，遇事要盡力而為、適可而止，不要好勝逞能而去做力不從心的事，只做自己力所能及的事。

不要過於計較個人的得失，不要常為一些雞毛蒜皮的事而動輒發火，憤怒要克制，怨恨要消除。

保持和睦的家庭生活和友好的人際、鄰里關係，這樣，在遇到問題時可以得到各方面的支持。

托爾斯泰的長篇小說《安娜‧卡列尼娜》的結局是令人悲傷的：安娜臥軌自殺。

這是一齣典型的悲劇：一顆處於上層社會的心愛上了一位年輕伯爵，當象徵愛情的火花剛剛擦亮時，又被象徵現代文明的火車熄滅。時至今日，對於安娜愛情的悲劇的啟示可謂是「仁者見仁，智者見智」，但萬「辯」不離其宗：安娜的悲劇不僅僅是一個貴族婦女的悲劇，而且是當時整個社會的悲劇。

一個人有多大的勇氣肯定自己呢？一個婦女又有多大的勇氣肯定自己「悖於社

會道德」的行為呢？

從「夫字天出頭」的封建社會到近代社會，婦女被置於社會中任意擺布的地位，甚至是男人的附屬品。古今例子不勝枚舉，被扼殺的苔絲德夢娜、香消玉殞的茶花女、沉江的杜十娘、早逝的林黛玉……一個個想踰越雷池的女人把歷史染得血跡斑斑。歷史曾這樣評價過她們：「她們就好像是一棵脆弱的藤蘿，緊緊依偎在大樹的身上，沒有權力說話、沒有資格思考，而這棵藤蘿本可以長成大樹，卻因為世俗的狂風摧殘使其夭折。然而，李清照、武則天、慈禧應該慶幸，雖然她們最終還是樹與樹的犧牲品，但畢竟歷史還是將她們記住。西施、貂蟬等人在哭泣之後應該歡笑，雖然幾經曲折，她們的故事還是走出了似海的宮門、煙鎖的重樓。」

安娜雖有勇氣去衝破世俗，但是依據世俗的態度來看待自己的行為卻始終困擾著她那顆勇敢的心。在她的觀念中，拋夫棄子絕對是罪惡的、墮落的，是不可饒恕的，不管丈夫是不是自己喜愛的人，那個家有沒有快樂，有沒有屬於自己那份愛情。因此，在對伯爵表明心跡時，她的內心產生了一種重壓，摧殘了她喜愛伯爵的堅強的心理力量、扭曲了她的性格。可見世俗觀念在她心中的影響，也可以說，她的意識從未脫離過她所生活的上流社會。她有勇氣為愛情邁出大膽的一步，卻沒有勇氣肯定自己。她成了世俗觀念的維護者，也成了世俗觀念的犧牲品。在她病危時，她

並沒有對生命、對伯爵表現出眷戀，只是一味地懺悔：「我要的是祢的寬恕。」她永遠都不會去懷疑這個世界。後來在生命彌留之際，她以「上帝，寬恕我的一切吧」來告別人世。

安娜內心的意識對於自己行為的判決，造成了一個悲劇，但我們的判決可以和她不一樣。儘管我們現在的社會觀念已經相當開明，但先進的思維理念總是不被大眾所輕易接受，一個叛逆者與先行者要承受比普通人更大的壓力。在這種情況下，唯有自己給自己支撐，自己給自己自信，自己肯定自己。堅信自己的理念與行動是正確的，讓時間來檢驗它的正確與否，而不是眾人的評價與判決。

我們應該對自己說：我現在的生活和今後的一生，不管遇到什麼事，不僅不會像過去那樣毫無意義，而且還具有明確的善的意義。這是我能做到的。

3. 在潛意識裡培養寬容的力量

電視劇《成長的煩惱》講的都是煩惱之事，但是他們對兒女、鄰居的寬容，最終都把煩惱化為了捧腹的笑聲。

人的煩惱一半源於自己的潛意識，即所謂畫地為牢、作繭自縛。芸芸眾生，各有所長，各有所短。爭強好勝失去一定限度，往往受身外之物所累，失去做人的樂趣。只有承認自己某些方面不行，才能揚長避短，才能不讓嫉妒之火吞滅心中的靈光。

讓自己放輕鬆，就是心平氣和地工作、生活。這種心境是充實自己的良好狀態。

充實自己很重要，只有有準備的人，才能在機遇到來之時不留下失之交臂的遺憾。

知雄守雌、淡泊人生是耐住寂寞的良方。轟轟烈烈固然是進取的寫照，但成大器者絕非熱中於功名利祿之輩。

俗語有「宰相肚裡能撐船」之說。古人的與人為善、修身立德的諄諄教誨卻警示於世人，一個人若肚量大、性格豁達，方能縱橫馳騁；若糾纏於無謂雞蟲之爭，非但有失儒雅，而且會終日鬱鬱寡歡、神魂不定。唯有對世事時時心平氣和、寬容大度，才能處處契機應緣、和諧圓滿。

如果一語齟齬，便遭打擊；一事唐突，便種下禍根；一個壞印象，便會一輩子倒楣，這就說不上寬容，會被人們稱為「母雞胸懷」。真正的寬容，應該是能容人之短又能容人之長。對才能超過自己者不嫉妒，唯求青出於藍而勝於藍、熱心舉賢、甘做人梯，這種精神將為世人稱道。

寬容的過程也是「互補」的過程。別人有此過失，若能予以正視並以適當的方法給予批評和幫助。自己有了過失，亦不必灰心喪氣、一蹶不振，也應該寬容和接納自己，並努力從中吸取教訓、引以為戒、取人之長、補己之短，重新揚起工作和生活的風帆。

大衛向來對自己要求苛刻，也同樣苛刻地要求周圍的朋友。其實，他很聰明，對人也很熱情，又極其熱愛交朋友。可以這樣說，他根本無法忍受沒有朋友的那種孤獨和寂寞。然而，他又不允許朋友身上存在任何缺點和毛病，甚至不允許存在與他不同的個性和為人處世的方法。一些朋友為能與他保持一段時間的友誼，誰也不能堅持長久。於是，他一邊熱情地結交著新朋友，一邊在挑別中淘汰和失去老朋友。大衛在痛苦中自責，但他始終不明白自己到底錯在哪裡。

只好時時刻刻壓抑著自己。可是，壓抑自己是一種非常痛苦的事情，久而久之，他連一位朋友也沒有了。

麥克無論儀表、舉止言談、家庭條件還是工作事業，在女士心目中都是非常優秀，甚至可以說是非常可親可愛的。但是，在婚姻問題上，他從來就沒有成功過。第一位妻子，因為懶惰，被他逐出家門；第二位妻子，因為過於自私、貪圖

小便宜，也被他逐出家門；第三位妻子，因為過於奢侈和遊樂，又被他逐出了家門。好心朋友為他做媒。他接近的第四位女士卻說：「這人有病。」連他家的門也不願進。同樣，他對於自己的狀況悔恨不已。

如果有人與以上兩人相似，在當時很緊張而事後又悔恨的話，應該問自己：「有這個必要嗎？」請用一張紙，把所有長久困擾自己的往事都記下來。寫完以後，不妨問問自己：「我有沒有決心把這些往事淡忘？為什麼不能多做些有益的事情，來趕走這些有毒的回憶？我應該永遠受它們的支配嗎？為什麼別人可以把不愉快的往事淡忘，而我卻不能？」

我們自己做了錯事或失敗了，不要過分自責。可以彌補的，設法去彌補；無法彌補的，不妨拋開一切，再也不要去觸動它。

我們可以向內心的自己表明心意，說自己已經知錯，以後絕不再犯。只要真心真意、真正超越錯誤，一切眾生都會聽我們懺悔，說自己已經知錯，以後絕不再犯。只要真心寬恕別人同樣重要，他一定會內疚、悔恨，絕不可再思報復他。切記：冤冤相報，永無了時。何況，報復只有更加深傷痕的痛苦，遠不如以大慈大悲的心腸赦免別人。

我們可能不知道怎樣去寬恕別人和自己，甚至根本不希望有寬恕，或者不知道可以寬恕。事實上，寬恕他人、自己，都是必須的。誰能無錯？連聖人都有錯，何況普通人？寬恕就是給人機會、給自己機會，是世上所有的好事之一，非常重要。

佛家有「貪、嗔、癡」的說法，叫做「三毒」。種種不好的事情都由這「三毒」發展而成，仔細想一想，就會證實說得一點都不錯。生意失敗、損失金錢，往往由貪欲而來；做錯選擇、找錯對象、交錯朋友、做錯事情，往往由愚癡而來；破壞、犯罪，往往由嗔恨而來。人的所有過錯，都離不了貪、嗔、癡三種原因。

這三種毒，犯一次就要吃一次虧。不原諒別人，犯的正是嗔毒，這種毒，在刺傷別人以後，往往要反過來刺傷自己。我們每一個人，都應該知道寬恕別人的重要。

在我們還沒有能做到完全寬恕別人的時候，不妨先進行一種想像，這種想像能夠幫助我們把報復心清除。

首先，閉上雙眼，然後想想那個最令人難以寬恕的人，自己想想把他怎樣，要怎樣才會使自己寬恕他。是不是要他受苦，才能寬恕他？如果是，可以想像他正在受各式各樣的苦；想像完了以後，不禁會對他產生出憐憫心，會寬宏大量地饒恕他，不會再想報復，不想真使他這樣受苦。

做這種想像，只能偶爾一次，不可以每天都做。做完這種想像以後，就應該從

此寬恕這個人，永遠消除報復心。有一些人很難做到完全寬恕別人，他也許能寬恕人一段時間，過後，他又想起別人的不是，再也不寬恕了。

然後，我們可以在心中反覆念念告訴自己：「我是一個寬宏大量的人，不會為了小人與小事生氣。」一重複這樣多念幾遍，一直念到心無罣礙、氣定神閒為止。

記住，我們是強中之強、吉中之吉，絕不再受那些影子的傷害。相信這會給自己增加力量，使自己成為無人能推倒的一座泰山。

這是一種很有效的自我暗示法。

也有一些人，不懂得怎樣寬恕自己。總是念念不忘：某件事做錯，引來很壞的後果；某件事對不起別人，使人家受了傷害……遇到這樣的情形，第一要做的是永遠能為自己辯護──既然慷慨地對別人，也應該慷慨地對自己。

這是一位女士告訴我們的。有一次，她的雙肩突然產生疼痛，接連痛了兩天。疼痛依然不減。最後，她只得問自己：「究竟是什麼不妥？怎麼會老是這麼痛？」感覺像火燒一樣，那種滋味令她難受，她意識到，自己的疼痛一定是由倒楣引起的。

起先，她以為它自己會好，不去理它，但幾天過去了，疼痛依然不減。最後，她

但是她不知道自己的怨恨從何處產生。於是，她便將床上的兩個大枕頭拿來

出氣──用力地捶打那兩個大枕頭。當她捶打了十多下的時候，她忽然明白了自己為什麼會有怨恨。於是她繼續更用力地不斷捶打那對大枕頭。當她打完以後，感覺自己舒服多了，接著，她的雙肩居然沒有再痛了。

很多人不知道宣洩的好處，只會鬱悶，那樣對由心情引起的病痛絲毫沒有幫助。很多人都為了以往發生的事，到目前都不快樂。他們不快樂的原因，是因為在過去沒有做某一件事或做錯了某一件事；也有因為以往曾擁有過東西現在失去了，所以很不快樂；有的人曾經在一次戀愛中被傷害過，直到以後仍舊不願接受愛情；也有的人以往遇到不愉快的事，就認定這些不愉快的事還會捲土重來。

若是能夠認識到自己並不是思想的受害者而是心念的主人，那便會覺得很快樂。請一面體會這番話，一面做一個深呼練鬆弛。

首先，深深地吸入一口氣，然後呼氣。在呼氣的時候，要盡量放鬆、放慢，不留絲毫緊張，好像非常悠閒。讓我們的頭頂、額頭、面部肌肉等完全放鬆。就是在平時，頭部也並不需要緊張，尤其是在閱讀的時候。相反地，如果頭部鬆弛，我們會覺得閱讀很舒適、很容易。

然後，把自己的舌、喉和肩都放鬆，手臂也要放鬆。即使手握書本，也並不需

要著意用力。接著，把自己的背部、胃部、腹部一處一處地放鬆。讓深呼吸帶給自己十分輕鬆的感覺。

最後，是放鬆雙腿、雙足。這樣做後，我們的身體全部都放鬆了，和未放鬆時有了很大的分別。

現在應該明白，原來自己的身體一向都那麼緊張，是自己把自己繃得非常緊張，把自己的心也同樣繃得非常緊張。當自己完全放鬆了以後，可以告訴自己：「我現在已經不再緊張了。我已經讓緊張離去，讓所有恐懼心也離去；我不再怨恨、不再惴惴不安、不再傷感，所有那些令我不快樂的感覺，我都在放鬆中讓它們遠遠地離開了我。我現在很輕鬆，對自己的生命和周圍的環境，都覺得很好、很安全。」

請把這種練習，每天都重複做上兩三次，多多去享受那種鬆弛後輕鬆愉快的感覺。假如有困擾的思想出現，隨時可以再做這種練習，把困擾趕走，使自己永沐於輕鬆愉悅之中。

每一次放鬆，時間大約以十五分鐘左右最為適宜。

當我們做這種練習的時候，可以靠在一張椅子上，舒適地坐著。當全部肌肉由上至下都放鬆了以後，我們可以想像自己是在一個海灘上，陽光和煦、清風徐來，海浪由遠至近來到我們身前，越過我們的身體繼續前去。我們不必迴避它，它遠遠

地來又遠遠地去。海浪和我們緩慢的深呼吸節奏協調，令我們塵念全消，彷彿正在佛的慈光庇護之中。

不論什麼人做這種鬆弛練習，都對身體有益，可以無病防範，有病治病。適當的發洩使人在平時能夠得到放鬆，在情緒不好時，能夠得到疏導，那就對生命非常有幫助。

人活著愉快，就得減少煩惱；要減少煩惱，心胸就得大一些、寬一些，學會寬恕自己和容忍別人，這就叫做寬舒人生。本來，生活就應該從容不迫、悠然自得。

人要活得寬舒，首先就得接受自己和自己的天性，不會對自己要求過分苛刻，也不會因為看不起自己而焦慮不安。遇到不幸和災禍，他們會像其他人一樣痛苦，但是他們能夠想得開，而且能照常生活。他們也不像有些人那樣為可能發生的災禍憂心忡忡，他們會做一些必要的準備，但是不會為此身心憔悴。

寬舒人生者活得很隨意，他們摸透了自己的脾氣，知道自己的欲望和觀點，做什麼事都不用先去調查求證，或者察言觀色、看別人的意見，他們只管我行我素、走自己的路。

同時，寬舒人生者非常能夠容忍他人，容忍自己所不知道的東西。他們知道生活是變化無常的，這是個人所無法改變的現實，人不但要接受這種現實，而且還要

236

從這種現實中找到樂趣，大可不必提心吊膽、憂慮重重地生活。對於自己不懂的事情，他們總是採取承認的態度，承認之後再去慢慢琢磨它、了解它。

因為這種容忍，寬舒人生者，因為他們能平易自然地與各種人相處，而不管這些人的年齡、教養和性格特點。由於他們是按照人的本來面目、而不是按照自己的要求去待人接物的，所以他們很少會對別人感到失望，更不會吹毛求疵，總覺得別人不夠格──如果這樣，少不了自己肝火上升、心跳加快。

比如，有位教授是一個工作狂，經常早出晚歸，並且耽誤家裡的事，但是他妻子卻絲毫不為此擔憂煩惱，她說：「當我們結婚時，我就明白他這種脾氣改不了。」所以，即便他經常很晚回家，甚至在實驗室裡度過週末，我也不會感到太難以忍受。

有了寬容，才有了人生的紓解和舒適，這就是寬舒人生的含義。所以人生的寬舒是一種建立在認識現實基礎上的心安理得的生活方式。寬舒是不抱怨，而不是虛假的開心、欺騙的寬容和不切實際的異想天開；寬舒人生者是實事求是的，不會透過玫瑰色眼鏡或者墨鏡來看待生活。寬舒人生表現了一種健康優美的人性。

人不可能什麼都得到，所以應該學會放棄。生活有時會逼迫我們不得不交出權力、放走機遇，甚至不得不拋下愛情。放棄並不意味著失去，因為只有放棄才會有另一種獲得。

學會放棄吧，放棄失戀帶來的痛楚，放棄屈辱留下的仇恨，放棄心中所有難言的負荷，放棄浪費精力的爭吵，放棄沒完沒了的解釋，放棄對權力的角逐，放棄對金錢的貪欲，放棄對虛名的爭奪……凡是次要、枝節、多餘的，該放棄就都應放棄。

放棄，是一種境界，是自然界發展的一種必經之路。同樣道理，漫漫人生路，只有學會放棄，才能輕裝前進，才能不斷有所收穫。一個人倘若將一生的所得都背負在身，那麼縱使有一副鋼筋鐵骨，也會被壓倒在地。昨天的輝煌不能代表今天，更不能代表明天，過去的成就只能讓它過去，只能毫不痛惜地放棄。什麼時候學會放棄，什麼時候便學會了成熟。

4. 用潛意識延長生命的精彩

很多人都懼怕死亡，到了一定年齡便惶惶不可終日。事實上，死亡與其說是毀滅生命，不如說是給生命帶來了意義。假如生命是無限的，人就會把一切事情都往後推延，我們也就不需要去活動、工作、創造。生命必然完結這一事實具有重大的意義。因此，死亡也就是生命的一部分。有趣的是，當新的一天到來時，我們感到

好像是第二次過這一天。而在第一次，我們白白地浪費了光陰，而這一次我們仍可能如此——假如我們不以新的方式去對待生活的話。

畢竟，人的年齡的遞進是無法抗拒的。它隨著歲月的流逝增加，這是無可爭議的自然法則。光陰似箭，無法追回和積蓄。「假如時光倒流」「假如我能再年輕十歲」……人們常常這樣感歎。但是，持「假如」的觀點，只不過是對昔日的追憶而已，反映了對大好時光的眷戀和歎息。四十歲的人羨慕三十歲的人，三十歲的人看好二十歲的人，二十歲的人青睞十歲的人，他們的確可以進行這樣的循環的「遊戲」，但生命畢竟不會倒轉。實際上，更為可怕的是，他們在「假如」聲中往往放棄了現在的追求和實際行動。而今天的現實和真正的行動，則是比惋惜和哀歎更有意義的。「假如我年輕十歲，就如何如何」，那是因為在十年前，他未曾把握住某些機會，以至有今天的「假如」的歎息。而再過十年，又會陷入這種重複的盲點。

這種只對歷史拋灑淚水而對現在的現實輕擲光陰的想法和做法，是非常不足取的。如果我們在人生旅途上，讓「假如」填滿我們生命的「方格」，那麼，我們的這幅人生畫卷就足夠悽慘了；在事業的跋涉中，讓「假如」畫餅充饑，到頭來只會落得兩手空空。反之，如果你能夠貯存力量，使人生的每個階段都過得充實、豐富、大有意義，我們就能夠真正享受到生命的樂趣。

俄國著名作家瑪莉葉塔的一生，都在勤奮而積極的工作中度過，一直活到高齡，甚至超過了老年人的通常性最高年限。她曾說：「直到生命的最後幾年，我都十分榮幸地覺得，自己有著驚人的年輕人的感覺器官。即便在老年時期，我也能夠輕易回憶起年輕時代所經歷的各種故事。我的潛意識思維，似乎賦予我永生的力量。」即使走上二十公里，對身體也毫無不利影響。我可以慢慢散步，一天

有人說，青春的歲月是用金子鑄成的。其實，人生的每一寸光陰都是用金子鑄成的。青春自有青春的價值，而立之年、不惑之年、「自由」之年，更有各自的價值。要實現價值，一個根本的出發點，就是要立足於現在。無論怎樣的年齡，只要珍惜今天，就會擁有未來；只有在今天做出努力，才會擁有明天的幸福。

英國前首相柴契爾夫人，在離開唐寧街十號的英國首相官邸時，意味深長地說：「我的生命從六十五歲開始。」這就是說，她在六十五歲不擔任首相時，並不間斷自己的事業。一切從現在開始。她的這種態度無疑是積極的。一個人，只有牢牢地意識到現在、抓住今天，並在今天的有限時間、創造、開拓，才不會出現日後的悔悟。「而今邁步從頭越」，這才是人生的真正「廣告」。

5. 幸福的婚姻需要理解和真誠

潛意識與婚姻其實也有著密切的關係。如果你忽視了大腦的功能與潛力的運用，足可以導致所有婚姻問題越演越烈。如果夫妻雙方中任何一方，能夠正確而合理地使用意識與潛意識思維，就能夠使彼此間的矛盾得到解決，避免夫妻關係進一步僵化。

真正的婚姻首先必須以「精神」需求為基礎，即兩個人的結合應是發自內心的，心靈的吸引乃是愛之豐碑。誠實、坦白、公正、善良，也是愛情的基本元素。伴侶之間，應當相互信任、真誠無欺。倘若愛情與婚姻當中，摻雜了太多金錢、財產、浮名、等級之類的因素，那麼就往往為夫妻二人關係埋下了不幸的種子。

很多人總是把事情往最壞處想。一般說來，這些人之所以總把事情往壞處想，在於其頭腦中根深柢固的焦慮。病態的想像常把生活中的各種陰暗、扭曲、煩心的想像聯繫在一起，看不見令人怡然的好事。只要出現這種情況，即使無足輕重，也會大大增強不愉快的感受。

有個女人，每當丈夫出差在外，她都會產生一種沒有根據的想像和忌妒，彷

佛看見丈夫躺在別的女人的懷抱裡。她心中同時出現三種意象：丈夫不在眼前；許多男人對太太不忠；城裡有許多女人，丈夫去找她們尋歡作樂。在她的想像中，一些重要的實情根本沒有存在的位置：丈夫性情坦誠，對妻子忠心耿耿；他業務繁忙，根本沒有時間找女人調情。

丈夫曾經開導過她，但沒有效果。由於這個女人心理陰暗，只要出現不利的機會，她就會為厄運敞開大門。這種機會果然來了。一天，她在路上碰見了丈夫的熟人，他是個愛開玩笑的人，覺得說一、二句挑動夫妻感情的話無傷大雅，反倒是一件趣事。可是，他卻不知道，這個女人是個著實的「大醋缸」。這位先生的幾句捉弄玩笑的言辭令她醋意大發。她回到家中，疑心重重。她無法抑制住內心的妒忌，立即乘飛機前往丈夫出差的城市，事先不打招呼，突然闖進丈夫在飯店裡的房間，擾亂了一場重要的商務會議。妻子的打擾使丈夫非常尷尬和惱火。他心煩意亂，無法完成正在進行的商務工作。二人全都怒不可遏，大吵了一架，夫妻關係大受傷害。一年以後，兩人終於離婚了。

另外，選擇愛情與婚姻，如果僅僅以貌取人，就可能給婚姻帶來難堪的結果。在這方面，法國著名音樂家白遼士就犯過類似的錯誤。

一次，白遼士去劇院看《哈姆雷特》，他被其中的一位女演員史密森的美麗形象深深地吸引了，以至於不能自拔，看完了戲回到家裡，仍舊不能忘記史密森的美好形象。史密森的形象總是在他頭腦中浮現，他無法入睡，他發誓要娶到這個美麗的小姐。於是，經過多番周折，他終於如願以償。但是，新婚的喜悅過後，白遼士才逐漸意識到，這位外貌出眾的妻子原來只不過是一個目光短淺、心胸狹窄的平庸女人。她不僅無法理解他那奔放的熱情和翱翔天空的雄心，而且還給他帶來了無聊和貧困。盲目的愛情捉弄了他，他不得不吞下愛情的苦果。他的後半生一直籠罩在淒涼與悲愴之中。

如果一位女士說：「我厭倦了工作。我想嫁人，因為我需要安全感。」那麼，她的前提就是錯誤的。她並未正確地運用自己的思維。須知，一個人的安全感應當建立在了解自己的意識與潛意識的相互關係及其應用之上。她必須成為自己的「主人」能夠自立。倘非如此，所謂的「安全感」，也不過是虛妄之說，隨時會喪失殆盡。

有這樣一對夫婦，他們結婚才幾個月的時間，就開始經常發生口角，爭吵不斷。丈夫懷疑妻子不忠，而妻子對丈夫的懷疑心懷憤怒，於是兩人在猜忌與惱怒

中度日。終於有一天，妻子無法再忍受這種生活了，妻子離開家門，要求和丈夫離婚。兩個人的關係彷彿眨眼之間就走到了崩潰的邊緣。

顯而易見，正是因為大腦的「思維機制」出了問題，才使他們互相敵視，以至於水火不容。這兩個年輕人的心中充滿了憤恨、懷疑乃至厭惡之情。如果他們能開誠佈公地深入交流一下，了解對方的心理與思維；如果他們能並肩坐下來，為他們昔日甜蜜的愛情默默地祈禱，使之在和諧、健康、平靜、愉快的狀態下得以延續。

那麼，他們的婚姻就不會瀕於解體了；相反地，他們將獲得一個幸福美滿的家庭。

做妻子的經常會嘮叨和抱怨，這往往是由於丈夫未能給予妻子足夠的關注和體貼。所以，如果我們是丈夫，不僅要對妻子流露內心的溫情，還要時時與之進行心靈的交流，鼓勵、讚美妻子身上的一切優點，而非專門盯著對方的毛病或缺點不放。

這才是處理夫妻關係正確的思維方式。

美滿的婚姻需要開誠佈公。一個波士頓女人偶然間看到了《克萊格的妻子》這部電影，這部電影講的是一個女人在自我犧牲的偽裝下無情地毀掉了整個家庭，以求獲得情感上的安全。波士頓女人看著劇情逐漸展開，她彷彿看到了自己的影子。

她發現自己對家中發生的許多不愉快的往事都負有一定的責任，而在此前，她總是

歸罪於別人。她大為震驚、惶恐，同時也因受到強烈的刺激而霍然驚醒。她回到家後，與丈夫做了一次非常坦誠的談話。此後，二人的婚姻生活變得比以前穩固多了。美滿的婚姻需要真誠。美國著名作家馬克·吐溫就是一個用真誠來換得美滿姻緣的人。

當初，馬克·吐溫愛上了一個漂亮小姐。但小姐及其父親表示對於他的為人不夠了解，不能答應他的求婚，除非他能提供有關人士證明他的品行的資料。為了獲得心愛的小姐的芳心，他果然拿來了六位知名人士的證明資料。這些資料中講了對他不利的話，而且他們對這樁親事表現得毫無熱情。儘管如此，馬克·吐溫還是把這些資料交給了小姐的父親。小姐的父親看了資料後，沉默了一陣，說：「和我的女兒結婚吧！我們要比他們對你了解得多。」於是，馬克·吐溫和心愛的人結婚了。三個星期後，妻子給她姐姐的信中說：「我們的生活完全是由明媚的陽光組成的，沒有任何陰影。」

大家應該像馬克·吐溫一樣，做個真誠的人。假如正在交友，真誠會給我們帶來真摯和牢固的友誼；假如正在戀愛，真誠會給我們帶來美好的愛情和婚姻。

6. 幸福是一種思維習慣

在人的一生當中，必然要經歷無數個幸福的時候，獲得一份稱心如意的工作時，與摯愛的人走上結婚的殿堂時，自己的小寶寶降臨人世時，獲得了出色的個人成就時，等等。此時的我們，內心中必然洋溢著難以言表的幸福之情，必然滿面喜色、兩靨生花。不過，無論我們體驗過多少類似的片斷，它們都無法給我們更為長久的幸福感。畢竟，它們帶來的快樂、是一時的、短暫的、甚至轉瞬即逝。而真正長久乃至永恆的幸福體驗，完全仰仗於我們如何使潛意識產生「靈丹妙藥」，使「幸福鳥」隨時隨地降臨在你身旁。

幸福是一種習慣。有個農夫，整天喜歡和別人說說笑笑，似乎永遠也沒有傷心難過的事情。走在路上，他還不停哼著小曲。當別人向他請教幸福的祕密時，他的回答是：「對於我來說，幸福既是一種需要，也是我的個人習慣。每天早晨起來時，我都會祝福我的家庭，祝福我家的牲畜和莊稼。我感謝上天賜給我這麼美好的事物。」這個農夫一生都在堅守著這種幸福的「習慣」。這種習慣已深入他的骨髓，並內化為潛意識思維的組成部分。因此，幸福對他而言，是自然而然的事情。

現代社會，很多人都試圖從金錢中獲得幸福。他們購買各種高級轎車、音響、

246

電視、手機、別墅，甚至是私人飛機、私人島嶼，他們以為這樣幸福就會到來。但是，從古至今，金錢固然能夠給人的生活增添舒適的感覺，但金錢並非幸福的絕對保證。金錢可以買到世界上一切物質的東西，但是它卻買不來人類的真實情感。幸福的王國存在於人的思維與感覺當中。有太多的人懷有一種觀念，以為「俗利」與「浮名」才是幸福的資本，譬如有人說：「假如我被選為市長，以為我做了大公司的老闆，我偶然賺了一大筆錢……那麼，我就會幸福了。」事實上，幸福是一種思維習慣、一種精神狀態，豐厚的物質條件並不必然帶來幸福。幸福有賴於我們對人生萬象的精緻而細微的感悟與體會，在於運用意識與潛意識思維，時時獲得瑰麗和奇妙的人生體驗。

幾年前，報紙上曾經登過這樣一篇報導：有一匹馬在跳過狹道上一個樹樁時，不慎將自己的腿撞傷了。從此以後，每當主人騎著牠走近那個樹樁時，這匹馬總是往後退幾步。於是，主人把樹樁挖起來，用火燒掉，並且用土把樹坑填平。主人認為這樣，馬經過這裡的時候就不會有所顧忌了。可是，二十五年來，每次經過那個樹樁原來所在的位置時，主人的馬依舊非常驚慌、退縮不前。顯然，牠是對於那個樹樁產生了「記憶障礙」，摧毀了牠的信心。

要獲得幸福，就要把腦海中的「記憶障礙」消除，絕不可留下不必要的恐懼和

憂慮的大腦意象。我們需要把這樣的「樹樁」挖出來，在原來的位置上栽種下人生的無畏與信心。只有這樣，我們才能擁有長久的幸福。

7. 正確運用潛意識思維培養觀察力

正確運用潛意識思維，能夠使我們培養起強大的觀察與體驗生活的能力。這種能力是美好人生所不能或缺的東西。而要培養這種能力，你應該經常寫日記，記下生活中每天的美好時光，並追根溯源。你會發覺，有時候，即在一定的情緒下，一些最簡單的事物，比如一陣風、一棵樹、一條狗、一句話，甚至連電燈在澡盆水面上瞬間的反光，也能給我們帶來最大的快意；而在另一些時候，我們似乎又會變得那樣麻木、毫無反應，就連一向喜愛的音樂、明媚的春光乃至摯友的陪伴，都無法使我們滿足。此時，我們應該找出這些情緒的依據所在。我們可以不停地記錄、翻閱自己的日記。我們會發現某些片斷帶給自己的感受，猶如潑在餘火上的燃油，使火焰升騰而起，照亮四周的黑暗。我們應該知道，為描述個人經歷所做的一切努力是意識與潛意識共同作用的結果。

不僅能夠提高這一經歷的品質，而且這努力本身，能使我們更為敏銳的觀察自己內心的細微活動。

在一位接受潛意識訓練人的筆記裡，記錄了這樣一段話：

上週星期三，我到考文特花園歌劇院聽歌劇《弄臣》。我覺得疲憊不堪。開演時，我坐在頂層樓座又窄又擠的條凳上，根本就無法聽進去。但是，我突然想起來，我應該使自己超脫於自身之外，和音樂融成一體──於是，我漸漸沉醉於音樂意境裡。我感到渾身釋然、輕鬆自如。

上文可以給我這樣一種暗示：人的某些自我感受似乎都是由大腦支配的，應當運用潛意識思維使自己同正在發生的事情融為一體。只有這樣，才能體驗到一些更為新奇的別樣的人生味道。遺憾的是，每天工作的壓力、生活的奔波，卻可能使我們學會了更多焦慮而不是感覺和體驗，很多人可能忘記了後者的存在。

不管怎樣，我們觀察和體驗能力是可以改變的，這並不直接依賴於視覺或者聽覺，而依賴於潛意識這種特殊的「內心狀態」。上面那位訓練者在後文中繼續寫道：

將近一年之後，四月裡的一股熱浪席捲著維吉尼亞州的里士滿。一天傍晚，我注意到塵土滿地的路旁，有一排長滿半透著陽光的樹葉和大樹，大概是美國梧桐樹吧。似乎是暮色裡，灰白的天際上顯出一幅圖案，就如舊式鐵門上的裝飾圖案。我突然冒出一種難以遏制的欲望。我想攫取這一圖案，使它成為己有──或許繪上幾筆就能佔有它。可我無暇動筆，而且，即使有時間，我也不知如何動筆。

我忽然意識到該伸出我的潛意識的觸角，搭在樹枝上，讓我漂浮在它的周圍，以這些精美的圖案為佳餚，直到它從一種複雜的實體化為我自身的一部分。於是，我再也不用把它們畫在紙上了。雖然那接踵而來的快意已被遺忘，但我還是作了記錄：「天哪，我感到有隻鳥兒高高地站在我內心的樹梢上婉轉地吟唱。」

一天，我獨自一人坐在船甲板上曬著太陽，四周是茫茫的大海，微微的海風撫摸著我。但是，我卻心神不寧、愁眉苦臉，就好像被剝奪了享受的權利；而這種享受，正是在寒冬和城市的黑暗日子裡，我所朝思暮想的事情。我明白，既然我已得到我渴求的東西：陽光、悠閒和大海，我應該高興才是。突然，我覺察到我似乎理所當然地認為，只要想一點什麼東西，我就能高興起來。

我在盡力思索。我有特殊的難題需要在那時解決，而僅僅是一種感受，即：一個人應當勤於思考、多多觀察，對自己的所見所聞能有些趣談。但是，沉浸在陽光與

250

和風之中，肚子裡又填滿了美味佳餚，我腦子卻顯得遲滯、不便思考，身體也懶得動彈。自然，當我意識到人應該有思想這一想法時，我認識到這真是太愚蠢了。我停止了自己的任何努力，乾脆「隨它去」。立刻，太陽照耀下的繩子在大海的襯托下泛出白光，一下躍進我的眼簾，我坐在那凝望著，心裡滿足極了。

大家看，開啟個人生命體驗的鑰匙，竟會存在於如此簡單的技巧中。那是一種讓感官自由感覺而不受目的約束的能力。眼睛和耳朵自有它們的才智，而我們的潛意識可以遙相呼應。

我們可以看到，放鬆思想和對內心活動的觀察，對生活顯得如此重要。所以，我們應該學會持續不斷的運用這樣的方法。當我們凝神思考的時候，過去的情景自然會一幕一幕地從腦海中閃現，而現實的情形也會給我們前所未有的感受。

只要像前文所說的那樣，盡力保持平靜、忘掉一切，我們就進入了一個充滿玄妙、幽雅、舒暢的天地。這些感覺構成了一種朦朧而滿足的感受，會瀰漫於我們的全身。

記住，幸福是一個過程，而不是一種存在的狀態；是一個方向，而不是終點。

每個人都要會的幽默學
NT：280

潛意識的智慧
NT：270

10天打造超強的
成功智慧
NT：280

捨得：人生是一個捨與
得的歷程，不以得喜，
不以失悲
NT：250

智慧結晶：一本書就像
一艘人生方舟
NT：260

氣場心理學：10天引爆
人生命運的潛能
NT：260

EQ：用情商的力量構築
一生的幸福
NT：230

華志文化嚴選　必屬佳作

心理勵志小百科好書推薦

全世界都在用的80個
關鍵思維NT：280

學會寬容
NT：280

用幽默化解沉默
NT：280

學會包容
NT：280

引爆潛能
NT：280

學會逆向思考
NT：280

全世界都在用的智慧
定律 NT：300

人生三思
NT：270

陌生開發心理戰
NT：270

人生三談
NT：270

全世界都在學的逆境
智商NT：280

引爆成功的資本
NT：280

國家圖書館出版品預行編目資料

腦內革命：驚人的潛意識力量／馮麗莎作. －－
初版. －－ 新北市：華志文化，2014. 11
面； 公分. －－（全方位心理叢書；04）
ISBN 978-986-5936-96-9（平裝）

1.潛意識 2.成功法

176.9 103019267

日　K　華志文化事業有限公司

書名／腦內革命：驚人的潛意識力量

系列／全方位心理叢書 ０ ０ ４

作　者　馮麗莎
執行編輯　林雅婷
美術編輯　簡郁庭
封面設計　王志強
文字校對　陳麗鳳
企劃執行　康敏才
總　編　輯　黃志中
社　長　楊凱翔
出　版　者　華志文化事業有限公司
電子信箱　huachihbook@yahoo.com.tw
地　址　116 台北市文山區興隆路四段九十六巷三弄六號四樓
電　話　02-22341779
印製排版　辰皓國際出版製作有限公司

總　經　銷　商　旭昇圖書有限公司
地　址　235 新北市中和區中山路二段三五二號二樓
電　話　02-22451480
傳　真　02-22451479
郵政劃撥　戶名：旭昇圖書有限公司（帳號：12935041）
電子信箱　s1686688@ms31.hinet.net

出　版　日　期　西元二〇一四年十一月初版第一刷
售　價　一九九元
版權所有　禁止翻印

Printed in Taiwan

華志文化

華志文化